JAMES DEAN

por ele mesmo

LIVRO-CLIPPING

JAMES DEAN

por ele mesmo

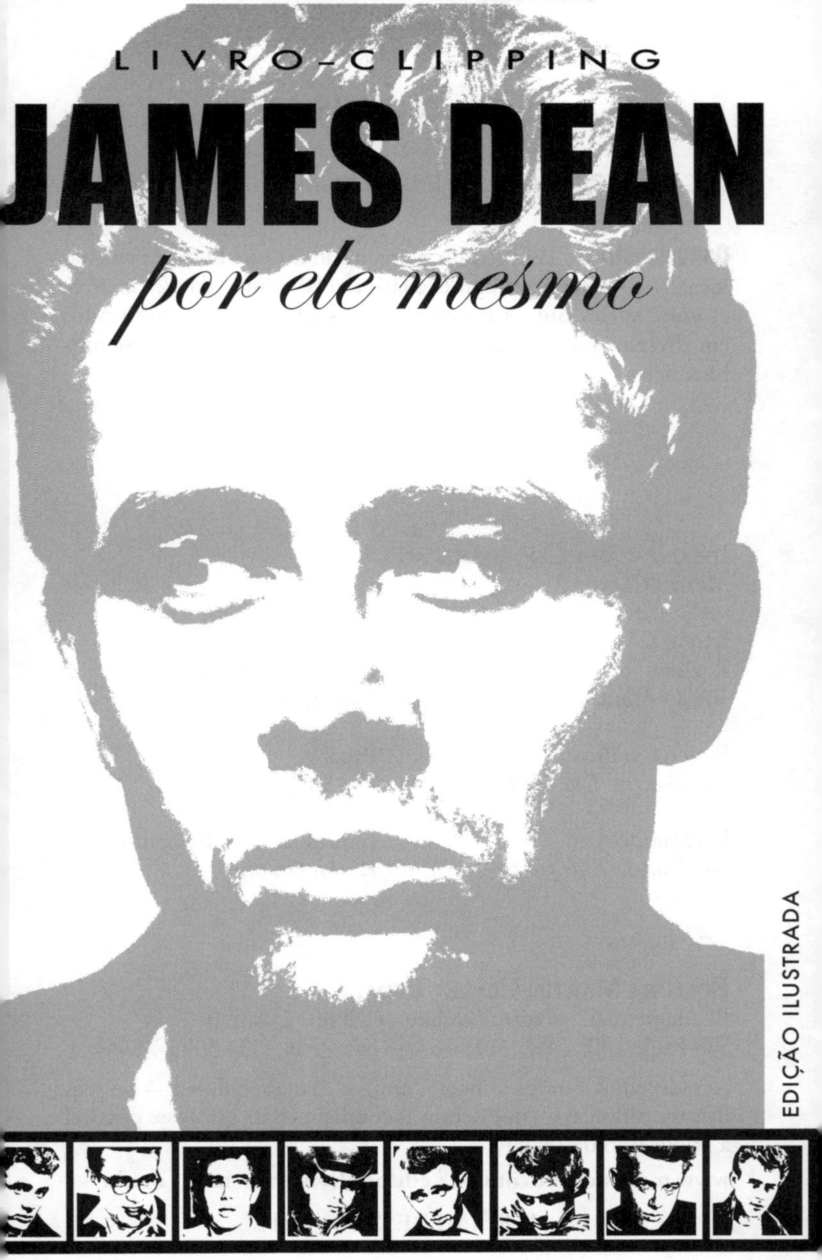

EDIÇÃO ILUSTRADA

MARTIN CLARET

Créditos

Osny Arashiro - Pesquisador e organizador deste livro, é paulista, jornalista, ex-repórter agropecuário, colaborador da *Folha de S. Paulo* e várias outras publicações. Escreve contos, publicados em diversos jornais. Especializou-se em livros de levantamentos históricos.

Idealização e Coordenação
Martin Claret

Miolo
Revisão
Waldir Moraes

Projeto Gráfico
José Duarte. T de Castro

Direção de Arte
José Duarte T. de Castro

Editoração Eletrônica
Editora Martin Claret

Papel
Off-Set, 70g/m²

Impressão e Acabamento
Paulus Gráfica

Editora Martin Claret Ltda.
R. Alegrete, 62 - Bairro Sumaré - CEP: 01254-010
São Paulo - SP - Tel.: (11) 3672-8144 - Fax: (11) 3673-7146

Agradecemos a todos os nossos amigos e colaboradores — pessoas físicas e jurídicas — que deram as condições para que fosse possível a publicação deste livro.

www.martinclaret.com.br / editorial@martinclaret.com.br

1ª REIMPRESSÃO - 2011

JAMES DEAN

Sumário

O olhar triste e terno do garoto melancólico de Indiana.

PREFÁCIO *do Editor*

O propósito da coleção *O Autor por Ele Mesmo*

Martin Claret

Estudos da História moderna têm revelado que somos uma civilização construída sobre os fundamentos da escrita. O Homem, no seu aspecto histórico-cultural, tem sido, grandemente, um produto do livro.

Um recente relatório da UNESCO, sobre o hábito da leitura no mundo, conclui que nenhum outro processo de comunicação — inclusive o eletrônico — é instrumento mais adequado de treino mental e fortalecimento do poder da imaginação do que o contato humano com o material impresso de boa qualidade: o livro.

Educadores e cientistas sociais têm constatado que, ao lado da informação de massa, vem se desenvolvendo a "moderna sociedade instruída" — uma sociedade que não só garante a todos uma instrução básica, mas também se preocupa com o ensino dos adultos.

No mundo de hoje e no de amanhã, jamais deixaremos de ser alunos. O educador moderno está aperfeiçoando esse ideal de educação permanente, em jovens e adultos. Neste contexto educacional, o livro é o instrumento fundamental.

Aqui, ousamos "futurar", com o mestre Antônio Houaiss, fazendo nossas as palavras que ele escreveu em seu magnífico prefácio para A construção do livro, *de autoria de Emanuel Araújo: "(...) o livro, materialmente, na sua feição mais requintada ou mais generalizada presentes — folhas de papel impresso, alçadas, coligadas e vestidas numa unidade normalmente portátil (mesmo que a duas mãos) —, esse livro pode desaparecer: mas não desaparecerão, com sua fisicidade, as suas mensagens e seus códigos (...) O computador que equivaler à soma de todos os livros será um servo daqueles dialetos — da linguagem oral, que é sobretudo resultado dialético da linguagem escrita (...)*

O 'Livro' poderá, assim, para certos fins, apresentar-se sob outra técnica física. Mas, enquanto perdurar o rigor da leitura a sós, o enlevo da leitura, a emoção do manuseio sensual das páginas, enquanto isso perdurar, teremos os livros-livros, esses que estão aí tão incorporados à nossa maneira de sermos humanos (tanto assim que, onde ele não é isso, aí impera o atraso, a sotoposição, a exploração)".

Também Jorge Luis Borges, o extraordinário escritor argentino — ele amava infinitamente os livros —, conceituou, com incrível lucidez e alcance universal, a importância do livro. Eis o seu pensamento: "Dos muitos instrumentos inventados pelo homem, nenhum pode comparar-se nem de longe ao livro, porque os outros instrumentos são extensões, são mecanismo desse outro mecanismo que é o nosso corpo... Em troca, o livro é uma extensão da memória e da imaginação".

Sim, o livro — esse fundador de civilizações — continuará a influenciar, com dinâmico impacto, o infinito universo de nossas possibilidades.

Nós, que existimos e nos movemos no mundo dos livros; nós, que criadoramente amamos o livro em todas as suas formas e tecnologias, acreditamos substantivamente na função do livro.

A criação e a publicação desta coleção O Autor por Ele Mesmo *são o resultado final de uma pesquisa de campo, em que se detectou um perfil de leitor: o jovem com um projeto de vida, desejoso de saber mais e consciente da necessidade de atualizar o seu potencial. Vem para atender a uma necessidade cultural e de mercado.*

A coleção O Autor por Ele Mesmo *não é uma simples série de fascículos, de sequência obrigatória. É uma biblioteca permanente de livros independentes. Dinamicamente ilustrado, foi diagramado para oferecer uma leitura fácil e agradável.*

É um moderno e informativo estudo, destinado principalmente à juventude.

Os doze primeiros personagens foram selecionados pela nossa coordenação editorial, mas a coleção é uma proposta aberta e aceita permanentemente sugestões editoriais e de títulos. O limite quantitativo da coleção será determinado pelos próprios leitores.

*Nosso projeto editorial é oferecer o livro ciberneticamente construído — o livro-*clipping *—, cujas características sejam: custo barato, "livro para ler"; encontrável em qualquer parte e elaborado de forma a atender à nossa realidade cultural e socio-econômica. Nosso modelo para inovar foi copiar o processo criador da própria Natureza — "fazer o novo a partir do velho".*

Acreditamos lobatianamente ("um país se faz com homens e livros") que a leitura de textos fundamentais dos grandes personagens da Humanidade é benéfica, instrutiva e motivadora em si, com força capaz de complementar convenientemente a formação da mentalidade das gerações presentes e futuras, despertando potencialidades e vocações.

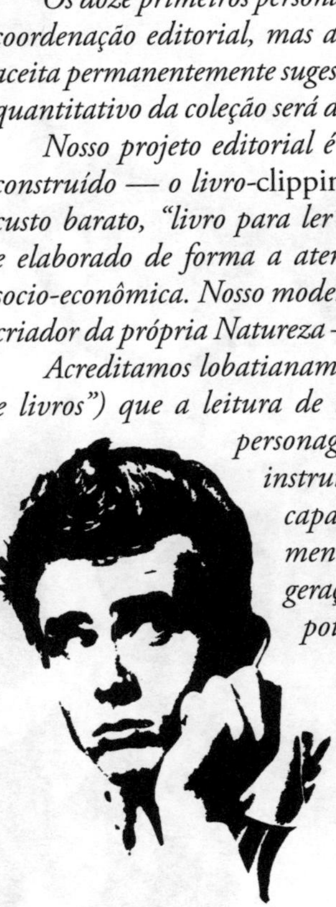

Participe positivamente.

Você nunca será o mesmo depois de ler um livro.

Livro muda as pessoas.
Livro muda o mundo.
Leia mais para ser mais!

De piteira e óculos: Jimmy não fazia tipo.
Sempre representou a si mesmo.

JAMES DEAN

Um Estudo

O herói problemático

Edgar Morin

O *star system* morreu, mas a estrela de cinema continua. A estrela mergulha na problemática e se exalta na mitologia. Sua vida já não é mais solução, mas uma busca ardente; já não é mais satisfação, mas a sede. Ela nasce às vezes do filme problemático, do qual é projetada para o céu da mitologia; ou então, quando nasce na superprodução, procura introduzir-se no cinema problemático. São os filmes que conseguem tomar emprestado ao segundo cinema seu caráter problemático, conservando do primeiro a natureza espetacular-mitológica, aliás, que são os privilegiados, nos quais surgem as estrelas atuais. As estrelas, portanto, já não são modelos culturais, guias ideais, mas simplesmente imagens exaltadas, símbolos de uma vida errante e de uma busca real.

A estrela sofre muito mais, tanto na tela quanto na vida (ou ao menos na imagem que se dá de sua vida). Em sua versão não degradada, ela encarna a busca que já começa a experimentar: a da verdadeira vida, da verdade da vida.

Naturalmente, como já dissemos, surgem de vez em quando, nesta nova era, estrelas épicas, paladinos que estabelecem uma ligação com os heróis-estrelas do mundo. Entre as estrelas masculinas, contudo, os herdeiros de James Dean, os heróis adolescentes que se tornaram adultos, como Marlon Brando, conservam as marcas de um tormento interior.

Por fim, James Dean e Marilyn Monroe, estrelas-arquétipos do período anterior, são também estrelas-matrizes do período atual: James Dean, primeiro herói da adolescência, e Marilyn Monroe, heroína da nova feminilidade. Este último ponto não parece evidente, mas vamos refletir. Em nossa sociedade, na qual o homem pretende realizar-se no êxito, a mulher, desde Madame Bovary até Marilyn Monroe, procura realizar-se na vida. A vida, isto é, o amor, a relação com outra pessoa é, em nossa sociedade, muito mais importante para a mulher que para o homem. Aliás, enquanto nenhuma estrela masculina se suicidou (a não ser por causa de fracassos na carreira), foi em pleno sucesso social — mas em pleno fracasso no viver — que Marilyn Monroe se matou.

James Dean e Marilyn Monroe são, portanto, a encarnação adolescente e a encarnação feminina da difícil busca do sentido e da verdade da vida, da comunicação de uma relação autêntica com outra pessoa. Depois de James Dean, a cultura jovem irá destacar-se da cultura adulta de massas, e sua vertente mais radical dará origem à contracultura. Depois de Marilyn, a mulher se tornará, por sua vez, um ator histórico na civilização, particularmente com o Women's Lib. De certa forma, pode-se dizer que o movimento adolescente e o movimento feminino fecundam, do exterior, a nova estrela do cinema. Apesar de já não desempenhar um papel cultural integrador como no tempo do *star system*, nem por isso a estrela assume agora uma posição contestatória ou desintegradora. Mas ela já não está mais ligada a uma imagem eufórica; ela revela insatisfações, problemas, buscas.

* * *

"Se tivesse cem anos pela frente, ainda não teria tempo suficiente para fazer tudo que quero."

O herói das mitologias foi sequestrado de seus pais ou teve seus pais sequestrados dele: James Dean é um órfão que passa a viver com um tio, fazendeiro em Fairmount, desde que perde sua mãe, aos 9 anos.

O herói das mitologias traça o seu próprio destino no combate contra o mundo. James Dean abandona a faculdade para se tornar quebrador de gelo num caminhão-frigorífico; marinheiro num rebocador; marujo num iate, até conseguir por fim seu lugar sob as luzes ofuscantes desse sol mítico moderno que são os refletores. Impõe-se em cena na Broadway com *See the Jaguar*, e depois com *The Immoralist.* Em seguida, Hollywood, onde roda *Vidas amargas*.

O herói das mitologias se lança em diversos trabalhos, nos quais prova seu talento e ao mesmo tempo exprime sua aspiração à vida mais rica e completa possível. James Dean ordenhou vacas, cuidou de animais, pilotou um trator, criou um touro, destacou-se no basquete, treinou ioga, aprendeu a tocar clarinete, instruiu-se em todas as áreas e finalmente se transformou naquilo que, no mundo moderno, encarna o mito da vida total: astro de cinema. James Dean queria fazer de tudo, experimentar tudo e sentir tudo. "Se tivesse cem anos pela frente", ele dizia, "ainda não teria tempo suficiente para fazer tudo que quero".

O herói das mitologias aspira ao absoluto, mas não pode encontrar esse absoluto no amor de uma mulher. James Dean teria vivido um amor infeliz com Pier Angeli, que se casou com Vic Damone. Lenda ou verdade? Seja como for, a lenda se fixou na realidade. James Dean, diante da igreja da qual sai Pier Angeli vestida de noiva, faz um barulho ensurdecedor com sua moto, a ponto de o ruído do motor cobrir o som dos sinos. Em seguida, dispara feito um louco até Fairmount, a terra de sua infância (encontramos aqui o tema do amor fracassado, necessário à realização do heroísmo, assim como o tema do malefício feminino, que atinge todo herói redentor).

O herói das mitologias se confronta de forma cada vez mais patética com o mundo que pretende usufruir inteiramente. O destino de James Dean é cada vez mais ofegante, preso a esse *ersatz* moderno do absoluto que é a velocidade. Inquieto e impulsivo para alguns, extremamente calmo para outros, James Dean, após terminar as filmagens de *Assim caminha a humanidade*, acelera na noite até 160 km por hora no seu Porsche de corrida em direção a Salinas, onde iria participar de uma competição automobilística.

O herói das mitologias, em sua busca do absoluto, acaba por encontrar a morte. Sua morte significa que ele foi destruído pelas forças hostis do mundo, mas também que, nessa derrota, ele finalmente atinge o absoluto: a imortalidade. James Dean morre; sua vitória sobre a morte começa.

A vida e o caráter "heroicos" de James Dean não foram pré-fabricados pelo *star system*. São reais, revelados. Mas ainda há mais.

Os heróis morrem jovens. Os heróis são jovens. Nossa época vê aflorar na sua literatura (Rimbaud, O Grande Meaulnes, de *O bosque das ilusões perdidas*) e impor-se de forma decisiva, já há alguns anos, no seu cinema, heróis portadores de mensagens da adolescência. Desde seus primórdios, a rigor, a maior parte das platéias de cinema é constituída de adolescentes, mas só recentemente a adolescência tomou consciência de si mesma como uma classe de idade particular, independente das outras classes, e definindo o seu próprio universo imaginário e seus modelos culturais. Prova disso são os romances de Françoise Sagan ou de Françoise Mallet-Joris, e também os filmes de Marlon Brando e James Dean.

James Dean é um modelo; mas esse modelo, por sua vez, é a expressão típica (ao mesmo tempo média e pura) da adolescência em geral e da adolescência norte-americana em particular.

Seu rosto corresponde a um tipo fisionômico dominante, com cabelos claros e traços regulares. Além disso, a versatilidade de suas expressões traduz perfeitamente a natureza dupla do rosto adolescente, ainda perdido entre o jeito da adolescência e a máscara do adulto. A fotogenia de seu rosto, ainda maior que a de Marlon Brando, é plena de toda a indeterminação dessa idade sem idade, na qual se alternam os sustos, os sorrisos ingênuos, as brincadeiras e os rigores. O queixo colado ao peito, o sorriso inesperado, o piscar de olhos, a ostentação e a discrição, desajeitadas e inocentes — isto é, sempre sinceras —, fazem do rosto de James Dean uma paisagem em constante mutação, na qual se encontram expressas as contradições, as incertezas e os impulsos da alma adolescente. É compreensível que esse rosto se tenha tornado uma bandeira, que seja imitado, particularmente naquilo que tem de inimitável: os cabelos e o olhar.

James Dean também fixou o que se pode chamar de "panóplia da adolescência", essa maneira de vestir que exprime uma atitude em relação à sociedade: o *blue jeans*, a jaqueta de couro, a camiseta, a abolição da gravata, o desabotoado e o desleixado voluntários são igualmente signos ostensivos (do mesmo valor de insígnias políticas) de uma resistência às convenções sociais do mundo dos adultos, de uma procura de signos de vestuário viris (roupa de trabalhadores braçais) e da fantasia de artista. James Dean não inovou em nada, apenas canonizou e sistematizou um conjunto de normas do

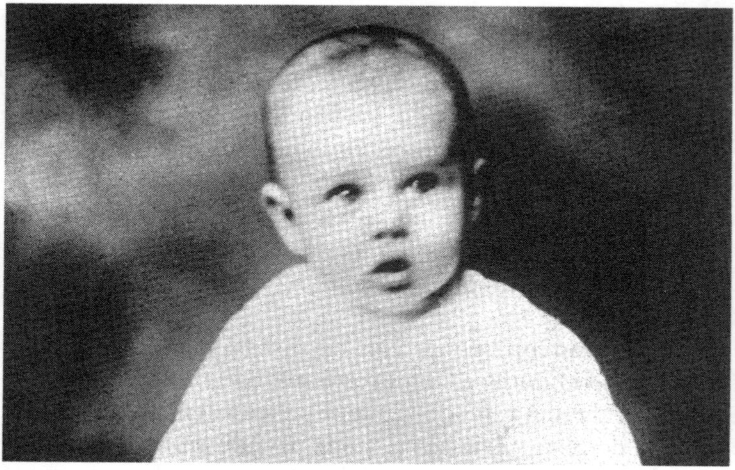

James Dean aos 3 meses de idade.

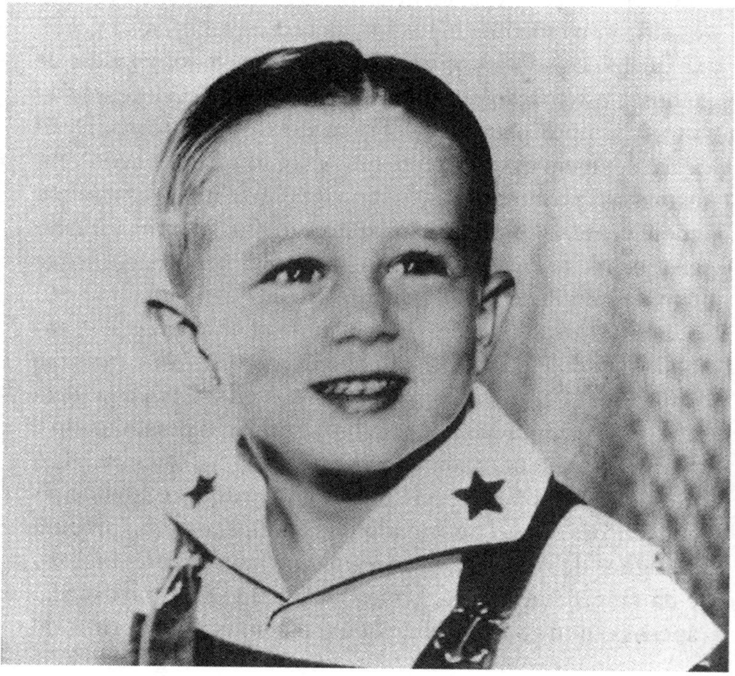

Aos 3 anos de idade.

vestuário que permitiu a uma classe de idade se afirmar, e se afirmar mais ainda por intermédio da imitação do herói.

Na sua vida dupla, real e na tela, James Dean é o puro herói da adolescência: exprime num mesmo gesto suas necessidades e sua rebeldia, que se traduzem nos dois títulos (inglês e francês) que recebeu um de seus filmes — *La fureur de la vie* e *Rebel Without a Cause* — estes são os dois aspectos de uma mesma e violenta exigência, na qual uma fúria rebelde se confronta com uma vida sem causa.

É justamente por ser um herói da adolescência que James Dean exprime, em *Vidas amargas* e em *Juventude transviada*, com uma clareza incomum no cinema norte-americano, a revolta contra a família. O cinema norte-americano tinha a tendência de camuflar os conflitos entre pais e filhos, do idílio familiar (*A família Hardy*), ou simplesmente suprimindo a existência dos pais, transferindo sua imagem para a de um velho insensível, cruel ou ridículo (juiz, patrão, velho gagá). *Vidas amargas* tem como personagens um pai insensível e uma mãe fraca, e *Juventude transviada*, uma mãe incompreensiva e um pai fraco. Nos dois filmes surge o tema do combate do adolescente com o pai (seja este um tirano ou um rancoroso) e a incapacidade de se encontrar verdadeiramente com a mãe. Em *Assim caminha a humanidade*, o quadro do conflito explode: é contra uma família exterior a ele — e, por conseguinte, contra as normas sociais — que James Dean irá lutar com um ódio feroz. Mas nesses três filmes surge também o tema comum da mulher-irmã que ele tomará de um outro. Trocando em miúdos: o problema do amor sexual ainda está envolvido pelo amor fraternal-maternal e ainda não quebrou essa concha para se lançar no universo das *pin--ups* estranhas à família ou a essa classe de idade. A esses amores imaginários do cinema se soma o amor, talvez também ele mítico, que James Dean teria tido por Pier Angeli, que tinha um suave rosto de irmã-madona. Para além desse amor impossível começa o universo das "aventuras" sexuais.

Por outro lado, na vida e nos filmes James Dean exprime as necessidades da individualidade adolescente, que, ao se afirmar, recusa as convenções da vida embrutecida e especializada que se abre à sua frente. A necessidade de totalidade e de absoluto é a necessidade real do indivíduo humano quando ele se liberta do ninho da infância e das amarras da família — e só vê diante dele as novas amarras e mutilações da vida social. É aí que nascem as exigências mais contraditórias. Truffaut explicou isso muito bem (*Arts*, 25/9/56): "Toda a juventude de hoje se encontra em James Dean, não tanto pelas razões já apontadas — violência, sadismo, frenesi, obscuridade, pessimismo e crueldade —, mas por outras, infinitamente mais simples e cotidianas: vergonha dos sentimentos, fantasia permanente, pureza moral desvinculada da moral vigente porém mais rigorosa, a eterna atração da adolescência pelo desafio, pelas bebedeiras, o orgulho e a mágoa de se sentir 'fora' da sociedade, a recusa e o desejo de nela se integrar e, finalmente, a aceitação ou a rejeição do mundo tal como ele é".

A contradição essencial aqui é o laço entre a mais intensa aspiração à vida e o maior risco de morte. É a própria contradição da iniciação viril, que se realiza por meio de provas terríveis e institucionalizadas nas sociedades arcaicas; nas nossas sociedades, ela só se realiza institucionalmente na guerra (e de uma maneira atenuada no serviço militar); na falta de guerras ou de subversões coletivas (revoluções, resistências, etc.), ela terá de ser procurada no risco individual.

Por fim, o adulto das sociedades burguesas e burocratizadas é aquele que aceita viver pouco para não morrer muito. Contudo, o segredo da adolescência é o de que viver é correr o risco de morrer, a fúria de viver é a impossibilidade de viver. James Dean viveu essa contradição e a legitimou com sua morte.

Esses temas da adolescência aparecem com clareza numa época em que a juventude está particularmente reduzida a um ensimesmamento, uma vez que a sociedade não lhe oferece nenhuma saída na qual ela possa se engajar ou, ao menos, se reconhecer. Não foi por acaso que James Dean se tornou exemplar em meados do século XX. Depois das participações intensas na guerra e na resistência, depois das enormes esperanças surgidas em 1944-46, vieram não só a recessão individualista como também o niilismo generalizado, que era um questionamento radical das ideologias e dos valores oficialmente propostos, tanto no universo capitalista quanto no stalinista. A mentira ideológica em que viviam essas sociedades supostamente felizes, harmoniosas e exaltantes traz como efeito colateral o niilismo ou esse "romantismo", rumo ao qual foge a adolescência e no qual ela encontra a realidade da vida.

É aqui que, no mundo burguês ocidental, a aventura, o risco e a morte entram em cena no estardalhaço de uma moto ou de um carro de corrida. Os motociclistas de *Orfeu* já deixavam atrás de si o rasto fatal da morte. *O selvagem*, de Lazlo Benedek, já traçava de forma simultaneamente amarga e terna a imagem do motociclista adolescente: Marlon Brando, arcanjo barulhento, anunciava como um São João Batista imaginário o James Dean real, já que ele próprio era a expressão imaginária de milhares de adolescentes reais que só podiam expressar sua rebeldia furiosa pela via motorizada. A velocidade motorizada não é somente um dos signos modernos da busca do absoluto; ela também responde à necessidade de perigo e de afirmação pessoal da vida cotidiana. Qualquer piloto se julga Deus no sentido mais bíblico do termo, bêbado de si mesmo, preparado para liquidar os outros pilotos, os mortais (os peões) e para ditar sua lei, na forma de injúrias, aos que não reconhecerem sua prioridade absoluta.

Enfim, o carro é evasão: as solas de vento de Rimbaud foram trocadas pelo Porsche Grand Sport de James Dean. E a morte é a evasão suprema, tal como a morte é o absoluto e a suprema individualidade. James Dean corre para a morte, da qual só o contrato que o ligava ao filme *Assim caminha a humanidade* podia protegê-lo provisoriamente.

"Representar é para mim a maneira mais lógica de me livrar de minhas neuroses. Os atores representam para expressar suas fantasias e os fantasmas de que são prisioneiros."

A morte realiza o destino de todo herói mitológico, afirmando sua dupla natureza, humana e divina. A morte completa a profunda humanidade do herói — lutar heroicamente contra o mundo, enfrentar heroicamente uma morte que acabará por abatê-lo. Ao mesmo tempo, a morte completa o herói em sua natureza sobre-humana, divinizando-o à medida que lhe abre as portas da imortalidade. Somente após o sacrifício, no qual expia sua condição humana, é que Jesus se torna Deus.

Vemos assim se amplificarem sobre o personagem de James Dean os fenômenos de divinização que caracterizam as estrelas de cinema, mas que nelas se encontram atrofiados.

Há, em primeiro lugar, um fenômeno espontâneo, ingênuo: a recusa de se acreditar na morte do herói. Duvidou-se da morte de Napoleão, de Hitler, enfim, de todos os super--homens (sejam eles do bem ou do mal), porque é inconcebível que possuam uma essência mortal. Duvidou-se também da morte de James Dean. Segundo uma lenda, ele sobreviveu miraculosamente ao acidente, e um rapaz que pedia carona é que teria morrido; James Dean estaria desfigurado, irreconhecível, talvez mesmo inconsciente, encerrado num manicômio ou num hospital. Todas as semanas, 2 mil cartas são endereçadas a um James Dean vivo. Vivo, onde? Numa *no man's land*, entre a vida e a morte, que a alma moderna gosta de situar nos asilos de loucos e nas clínicas, mas que pode não ser localizada. James Dean inscreve-se assim numa concepção espiritualista da morte: ele está entre nós, invisível mas presente. O espiritismo ressuscita a concepção arcaica segundo a qual os mortos, espectros corporais dotados de invisibilidade e ubiquidade, vivem entre os vivos. É por isso que uma jovem espectadora grita, numa exibição de *Assim caminha a humanidade*: "Volte, Jimmy, eu te amo, estamos à sua espera". É a presença viva (em espírito) de James Dean que seus admiradores vão procurar em seus filmes. É por isso que se multiplicam nos Estados Unidos as sessões de espiritismo com o fim de se comunicar com James Dean. É por isso que uma vendedora, Joan Collins, redige uma extraordinária confissão espiritualista, na qual James Dean declara: "Não estou morto. Têm razão aqueles que acreditam que não morri", e na qual afirma ter encontrado sua mãe. É por isso que se venderam 500 mil exemplares desse *James Dean Returns*, de Joan Collins.

O culto se organiza, como qualquer culto, com o fim de restabelecer o contato entre o morto imortal e os mortais. O túmulo de James Dean está permanentemente florido, e no primeiro aniversário de sua morte foi visitado por mais de 3 mil pessoas. A máscara de James Dean será colocada ao lado das de Beethoven, Thackeray e Keats, na Universidade de Princeton. Seu busto é vendido por 30 dólares. O carro fatídico é sacralizado: uma pessoa pode sentar-se ao volante por 25 cents. Esse carro destruído, que simboliza a paixão de James Dean, sua fúria de viver e a fúria da morte, é refeito em fragmentos, peças de ferro velho torcidas que constituem relíquias sagradas que estão à venda (conforme o tamanho, a partir de 25 dólares a peça) e que cada um leva para se impregnar da substância mítica do herói.

Por meio da morte, James Dean alcança o prestígio esquecido das estrelas de cinema da grande época que, mais próximas dos deuses que dos mortais, suscitaram uma adoração desvairada. Mas a sua morte, em contrapartida, legitima uma vida que decididamente o situa entre as estrelas modernas, próximas dos mortais. As estrelas modernas são modelos e exemplos, enquanto as estrelas antigas eram ideais de sonho. James Dean é um herói real que sofre uma divinização semelhante à das grandes estrelas do planeta.

A mortalidade de James Dean é também essa sobrevivência coletiva em mil mimetismos. Ele é mesmo uma perfeita estrela de cinema: deus, herói, modelo. Mas essa perfeição, que só pode realizar-se por meio da engrenagem do *star system*, teve origem na vida e na morte do James Dean real, e de seus anseios — e de toda uma geração que, refletida e transfigurada, enxerga-se nele através do duplo espelho da tela de cinema e da morte.

James Dean é uma estrela de cinema perfeita. Perfeita até demais, pode-se dizer, quinze anos depois. Sua morte remete ao destino de Valentino, faz ressurgir a tragédia que tinha desaparecido por completo do *star system* desde 1930. Subitamente, James Dean operou uma ruptura decisiva na euforia hollywoodiana.

James Dean não retorna, porém, ao mito das estrelas do mundo. Pelo contrário, ele abre uma nova fronteira, a da autodestruição do mito hollywoodiano da estrela de cinema. Sua morte não nos remete à irreal, fantásmica e melodramática epopéia do velho cinema; ela nos introduz no problema que é viver. O querer viver de Dean constitui um problema antes de sua morte; foi ele quem encontrou a morte. James Dean faz surgir portanto um novo grande tema, que tende a substituir a mitologia da felicidade — a problematização dessa felicidade. À euforia sucede o problema. Dessa forma, como o Marlon Brando de *O selvagem* e de *Sindicato de ladrões*, James Dean inaugura uma nova espécie de herói, uma nova espécie de estrela de cinema que depois será encarnada por Paul Newman e Anthony Perkins: o herói perdido, atormentado, problemático e mesmo neurótico. Não é um mal exterior que o ameaça, nem um inimigo oculto, um traidor, um malvado. O mal está dentro dele, na contradição vivida, na impotência, na busca errante.

Nesse sentido, James Dean inaugurou a era dos heróis da adolescência moderna. Mas a adolescência — que finalmente encontra em James Dean sua expressão própria na tela de cinema — irá, justamente a partir dessa tomada de consciência, dissociar-se culturalmente do cinema. A cultura adolescente, que opera sua primeira cristalização a partir dos filmes de James Dean, irá fixar o seu meio essencial de expressão na cultura, não no cinema, mas no *rock*, na música, na dança.

Uma dissociação capital se realiza durante os anos decisivos que vão de 1957 a 1962: o cinema continua sendo um espetáculo juvenil, certamente, mas o *star system* deixa de desempenhar o seu papel de modelo cultural dominante na juventude.

Graças a uma coincidência espantosa, o crepúsculo do *star system* é contemporâneo da dissociação e da renovação da cultura juvenil (será que essa renovação foi estimulada ou determinada por aquela decadência? Será que aquela decadência foi precipitada por essa renovação?).

Última estrela mitológica do cinema, James Dean é portanto a primeira estrela de cinema problemática. Primeiro herói da adolescência, ele anuncia uma nova cultura juvenil, que se desvinculará do cinema, fazendo que este perca o seu poderoso papel sociocultural.

Fonte: Morin, Edgar. *As estrelas. Mitos e sedução no cinema.* Trad. Luciano Trigo. Rio de Janeiro, José Olympio, 1989.

Foto de *James Dean Album* publicado em 1956.

JAMES DEAN

Perfil Biográfico

Mito e realidade

Osny Arashiro

James Byron Dean nasceu sob o signo de aquário, no dia 8 de fevereiro de 1931, na pequena cidade de Marion, no estado de Indiana. Seu pai se chamava Winton Dean, especialista em prótese dentária e era da religião quacre. A mãe, Mildred Wilson Dean, vinha de uma família de granjeiros metodistas, de temperamento romântico, que batizara o filho de Byron em homenagem ao poeta inglês Lord Byron.

Em 1937, a família se transfere para Santa Monica, subúrbio de Los Angeles, onde o pai foi trabalhar no Sawtelle Veteran's Administration Hospital. O menino James matriculou-se na escola do bairro de Brentwood e, desde cedo, mostrou-se tímido, introspectivo e diferente dos demais colegas, não correspondendo à imagem estudantil do norte-americano mediano.

Os colegas zombavam dele porque era frágil e míope. O menino, então, refugiava-se no aconchego da mãe e nas aulas de dança e violino. Mas, aos 9 anos, logo enfrenta a primeira tragédia de sua precoce vida: sua mãe contrai câncer e morre aos 29 anos ("minha mãe morreu, deixando tudo nas minhas costas", diria James mais tarde, que nunca se recuperou dessa perda). O trauma provocado pela morte da mãe foi determinante na formação do seu caráter vulnerável, sensível e carente.

O pequeno James vai morar na fazenda com os tios Ortense (irmã de Winton), o marido Marcus Winslow e a priminha de 14 anos, Joan, próximo da casa dos avós Emma e Charlie Dean. Novamente ele se sente deslocado, tendo de começar tudo de novo em uma outra cidade, em Fairmount, no interior de Indiana.

Na fazenda pelo menos tinha rio, cavalo, bois, vacas, porcos e muita caça. E o menino fazia de tudo; desde ordenhar vacas até dirigir trator (mais tarde diria "gosto dos animais porque me aceitam tal como sou. Ou gostam ou não gostam de nós, mas nunca nos julgam"). Mas na escola continuava desajustado, tentando ser "igual aos outros". Não conseguia e carregava o peso de ser o "órfão" e o "recém--chegado", chorando muitas vezes diante da professora, a quem confessava estar sentindo falta da mãe.

Em 1945, James matricula-se na Fairmount High School. Está com três graus de miopia, e com esforço, consegue se destacar jogando basquete e beisebol na equipe do colégio, além de se tornar campeão em salto com vara. Um colega conta que naquela época "Jim usava camisetas brancas e calças *jeans*. Tinha o cabelo curto, no estilo de antes da guerra. Era um pouco diferente dos outros. Quando tinha jogo de basquete, os outros rapazes chegavam em grupos, de carro ou carona. Jim chegava sempre sozinho".

Na adolescência, James começa a tomar gosto pela velocidade e pelo perigo. Gosta de motocicletas e participa com destaque nas competições locais, ganhando o apelido de *one--speed Dean*. A paixão cresce e agora são os carros que ele quer desafiar. Aos 18 anos aprende a dirigir com a ajuda do reverendo James De Weerd — uma espécie de pai espiritual, protetor e orientador nos anos difíceis de Jim —, e ele passa a frequentar os circuitos amadores de corrida. Mas todos esses passatempos não preenchem o "vazio" na sua alma. Suas ambições vão além. Numa breve autobiografia escrita aos 17 anos no colégio, ele revela sua decisão:

"Tive de abandonar o violino e a dança, mas não vou renunciar à criação artística. Pretendo dedicar minha vida à arte. Existem tantos campos de aplicação para a arte, que seria difícil eu não encontrar algum".

E antes de encontrar o teatro, James se interessou por música clássica, *jazz*, poesia, filosofia, desenho, escultura. E também aprendeu a tocar bongô e a praticar ioga.

A professora de dicção no colégio, Adeline Nall, foi a responsável pelas primeiras experiências teatrais de James, incentivando-o a seguir em frente, especialmente depois de James tê-la impressionado com sua caracterização de Frankenstein numa paródia de ... *E o vento levou*.

James começa a participar de concursos locais de teatro. Interpreta bêbados e loucos, sendo muito aplaudido. Consegue chegar à final de um concurso para locutores de rádio. Mas seu grande destaque foi ter vencido o concurso do estado de Indiana, de declamação para amadores, com seu monólogo *O louco*, de Charles Dickens. O feito o pôs nas páginas do jornal da cidade, com o direito de participar do concurso nacional em Longmont, no Colorado, conquistando um honroso sexto lugar.

Ao terminar o ciclo escolar em 1949, James deixa o colégio com a qualificação no boletim: "Acima da média. Bom aluno, prejudicado pela falta de aplicação". Agora ele sabe que seu caminho é o das artes cênicas. Mas reaparece o pai, Winton, que nos últimos dez anos estivera poucas vezes com o filho, e praticamente o obriga a estudar Direito. James muda-se para a Califórnia e vai morar com o pai e a madrasta Ethel, com quem Winton se casara quatro anos

"Minha mãe morreu, deixando tudo nas minhas costas."

depois da morte de Mildred. Matricula-se na Faculdade de Direito de Santa Monica, levando uma vida pacata numa carreira que não lhe agradava. Para quebrar a monotonia, seu pai o presenteia com um Chevrolet de segunda mão, e, às vezes, assiste às aulas de teatro organizadas pelo ator James Whitmore, na Universidade de Los Angeles.

Assim, consegue seu primeiro papel fora do colégio, com um grupo de teatro amador, dirigido pela professora Gene Owen. Era uma comédia musical chamada *The Romance of Scarlet Gulch*, em que James usa o pseudônimo de "Byron Dean".

Corria o ano de 1950 e James pensava seriamente em abandonar os estudos de Direito e dedicar-se de corpo e alma ao teatro. Nas comemorações de final de ano, o grupo teatral da universidade preparou uma montagem de *Macbeth*, de Shakespeare, na qual James interpretou Malcolm. Mas a crítica arrasou a peça, que foi interpretada no Royce Hall Auditorium. Porém, essa experiência não foi tão mal, pois James conhece William Bast, que se torna seu grande amigo e o põe a circular pelos meios intelectuais ligados à sua carreira. James consegue ter um empresário — Isabel Dreasmer — e divide um apartamento com Bast, deixando de morar com o pai e a madrasta.

Para pagar as despesas, James deu duro como instrutor de esportes numa academia militar, foi operador de filmes em 16 mm e zelador de prédio. Em 1951, consegue um emprego na CBS, mas logo é dispensado por mau comportamento.

Comerciais da Pepsi-Cola

Um dia, James foi apresentado ao produtor de televisão Jerry Fairbanks, que estava procurando jovens para um comercial da Pepsi-Cola. Na propaganda, um bando de jovens tenta atirar num alvo móvel. Toda vez que um deles conseguia, aparecia um rapaz sorridente e lhe dava um refrigerante. O sorriso aumentava à medida que entregava mais refrigerantes. O rapaz sorridente era James Dean, que por dois dias de trabalho como ator ganhou seus primeiros 10 dólares.

Fairbanks voltou a chamar James, dessa vez oferecendo-lhe o papel do apóstolo São João em *Hill Number One*, um filme simbólico, militarista e religioso para a televisão. Enquanto aguarda novas chances na televisão, sempre aspirando ao cinema, James prossegue seus estudos teatrais. Frequenta com o amigo William Bast o curso de James Whitmore, uma espécie de sucursal californiana do Actor's Studio de Nova York.

Uma intriga amorosa, entretanto, complica a situação de James, já atormentada pela falta de dinheiro e problemas familiares. Ele acaba gostando de Beverly Wills, noiva do amigo Bast, e tem um romance com ela. Um dia, decidem contar tudo a Bast, que termina a amizade e o noivado entre insultos, agressões e uma dolorosa separação. Mais tarde, os dois voltariam a reatar a velha amizade e começariam a escrever um roteiro a quatro mãos, uma metáfora do clássico *Dr. Jekyll and Mr. Hyde* (e Bill Bast escreveria uma biografia: *James Dean*).

Por outro lado, a vida profissional parece melhorar. Hollywood começa a abrir suas portas lentamente, oferecendo a James pequenos papéis. Seu primeiro filme foi *Fixed Bayonets* (*Baionetas caladas* — 1951), de Samuel Fuller, sobre a guerra da Coreia, no qual James faz uma ponta como soldado. Em *Sailor Beware* (*O marujo foi na onda* — 1951), de Hal Walker, sua aparição é em segundo plano, numa sequência de boxe que dura menos de dois minutos. Em *Has Anybody Seen My Gal?* (*Sinfonia prateada* — 1953), de Douglas Sirk, ele também foi mero figurante, dentro de uma sorveteria, pedindo um sorvete.

No outono de 1951, James segue o conselho de James Whitmore, que o faz largar o cinema provisoriamente, percebendo a diferença entre ser ator por prazer e ser ator por profissão. Whitmore convence James de que o melhor lugar para ele é em Nova York, no concorrido Actor's Studio — fundado por Elia Kazan e Lee Strassberg. Um dos métodos utilizados, segundo narrativa de Marlon Brando, era o isolamento absoluto, diante de si mesmo, como na frente de um espelho ou de uma folha de papel em branco. Antes de apresentar algum monólogo ou uma cena, o ator ficava solitário no camarim, onde era proibido fumar. Feito o exame de consciência, ele "atravessava o espelho e depois, atrás do espelho, estava diante do seu seu duplo". O diretor Nicholas Ray compreendeu muito bem esse método, recomendando seus atores a representar como se tivessem "um pé na consciência e outro, no inconsciente".

James tomou emprestado dinheiro dos parentes e do reverendo De Weerd (que se transferira de Fairmount para Cincinatti) e segue sozinho para Nova York, indo morar na Associação Cristã de Moços e depois no Hotel Iroquois, próximo ao Actor's Studio, dividindo o aluguel com o amigo

Bill Bast, que James convidara da Califórnia. O começo na cidade grande é difícil. Para quebrar a solidão, James assiste a três filmes por dia. Convivendo em Nova York com o pessoal da televisão e jovens artistas do Actor's, conhece Arlene Lorca, que faz pequenos papéis de três minutos na televisão e o introduz no meio. James arranja um bico de cinco dólares a hora, para trabalhar na CBS. Substitui titulares que saem de férias e se candidatava para qualquer serviço. Aparecia em segundo plano, como personagem de apoio nas publicidades, até conseguir um pequeno papel em *Break the Bank*, uma peça levada pela CBS. Depois, conhece Jane Deacy, que vê no jovem ator todo o seu potencial artístico e passa a ser sua agente.

No outono de 1952, trabalhando como grumete no veleiro de Lem Ayers, um produtor de teatro, James consegue um papel na peça *See the Jaguar*, de Richard Wash, estrelada por Arthur Kennedy e Constance Ford. É uma peça de vanguarda, na qual, numa das cenas, James aparece numa jaula e é torturado por Arthur Kennedy. Após estreia em Connecticut, o espetáculo segue para Nova York, mas foi recebido friamente, sendo retirado de cartaz após seis apresentações. Mas para James o saldo foi positivo, porque sua foto apareceu nas revistas *Life, Colliers, Red Book*, e a revista *Variety* lhe foi simpática ao profetizar: "Gravem o nome de James Dean. Logo voltarão a ouvir falar dele"; assim como o *New York Times*, "eis um garoto que merece ser acompanhado".

James ainda volta à televisão, dessa feita como ator, estrelando *Studio One*, *Danger the US Steel Hour* e *Cherokee Story*. Pouco depois, o produtor Billy Rose lhe oferece o papel de um árabe homossexual na montagem teatral de *O imoralista*, de André Gide. Em dezembro de 1953, a peça estreou com sucesso, e James se empenhara com afinco na escandalosa e delicada interpretação para a época, que ganhou os prêmios Donaldson e o Antoinette Perry Awards. A Fundação David Blum lhe concedeu o prêmio "Revelação do Ano".

Jimmy numa rara foto com a mãe, Mildred, e o pai, Winton.

Com uma amiguinha chamada Mary Lou.

Kazan: descobridor de talentos

James, porém, se desentendeu com o diretor (que queria cortar uma frase de sua fala) e deixa a Broadway. Mas a sorte também o acompanhava de vez em quando: surge então Elia Kazan, que, percebendo o grande talento do jovem ator, o convida para os testes do papel principal de *Vidas amargas* (*East of Eden*). O filme da Warner Brothers era uma adaptação dos capítulos finais do livro de John Steinbeck, *A leste do Éden*.

Elia Kazan (excluindo seu envolvimento com a "caça às bruxas" do macarthismo) era considerado um verdadeiro descobridor de talentos e já havia lançado Marlon Brando e lançaria Warren Beatty. Para interpretar o personagem de Cal Trask, Kazan tinha oferecido o papel primeiramente a Marlon Brando e Montgomery Clift. Mas preferiu que fosse vivido por um ator desconhecido. James concorreu com ninguém mais do que Paul Newman. Para o irmão gêmeo de Cal, Aron Trask, o ator já havia sido escolhido — Richard Davalos.

Paul Newman aparece nos testes com um cigarro na orelha. James vem com a velha camiseta branca, sem óculos. Kazan achou que Newman aparentava aquilo que Hollywood sempre tinha por imagem de um adolescente. Mas Dean era a "própria adolescência" e ganhou o papel.

As filmagens começaram na primavera de 1954. James recebe 5 mil dólares de adiantamento e logo compra uma moto. Quando os produtores veem na tela os primeiros fotogramas do filme, acreditam que estão diante de um dos mais talentosos atores da década. Até então, os adolescentes apareciam em papéis estereotipados, estúpidos, bobalhões. Dean, ao contrário, era um adolescente com essência, com algo dentro da alma, com força de expressão e interpretação que expelia todas a dúvidas, complexos, tormentas e inconformismo, não fazendo apenas "um tipo" .

O jovem ator queria também conhecer Marlon Brando. No livro *Brando for Breakfast*, escrito pela ex-senhora Brando (a falsa indiana Anna Kashfi), ela conta que o marido se constrangia por se ver tão adorado e nunca atendeu a nenhum dos vários telefonemas que Jimmy fez para sua casa. Montgomery Clift também não queria encontrar-se com James: "esse garoto é doente, ele está perdido, não quero que ele chegue perto de mim".

Enquanto filmava em Hollywood, certo dia encontrou no estúdio vizinho a estrela italiana Anna Maria Pierangeli, que estava trabalhando em *O cálice sagrado*. Passou a frequentar o estúdio dela, a ter longas conversas; depois começaram a almoçar juntos e a andar de mãos dadas. Pier Angeli* talvez tenha sido o único e verdadeiro amor de James. Por ela, James chegou a usar *smoking* no lugar de seu *jeans* surrado. Apresentou-a ao pai, Winton, e chegou a pensar em casamento. Mas a mãe da atriz não consente o romance com aquele rapaz de aparência rebelde e desleixada, que despreza os comportamentos convencionais. Um dia, quando James teve de se ausentar por uma semana, indo a Nova York para o cumprimento de um rápido contrato, lê nos jornais que Pier Angeli iria se casar com o cantor Vic Damone. Ele telefona para Hollywood, mas Pier manda a camareira dizer-lhe que não estava. Sem maiores explicações, o *affair* havia terminado sem ao menos uma conversa digna com o jovem astro de *Vidas amargas*. No dia 24 de novembro de 1954, Pier e Vic se casam na Igreja São Timóteo. Do outro lado da rua, James, sobre sua possante moto, assiste à entrada e saída dos noivos e, em seguida, acelera, para sumir durante dez dias.

Depois dessa decepção, Pier Angeli voltou a ver James somente uma vez, durante as filmagens de *Assim caminha a humanidade*, em que o ator estava maquiado de cinquentão,

---

* Nome artístico de Anna Maria Pierangeli. (N. do E.)

e não o reconheceu no primeiro instante. Segundo Pier, "ele não era mais meu herói, mas um ator". Tomado pelo seu trabalho, James nem notara aquela que lhe trouxe momentos felizes e amargos, num breve romance de verão. Ela se separou de Damone em 1959; em 1962 se casa com o maestro italiano Armando Trovajoli. Quatro anos depois, ela confessa à imprensa que seu verdadeiro amor fora James Dean. Aos 39 anos, em 1971, Pier Angeli foi encontrada morta: *overdose* acidental.

James, na verdade, nunca foi um abençoado pela sorte. Em seus momentos de crise existencial, nunca se esquecia de que se tornou órfão de mãe, ainda na infância. Era míope de três graus. Usava ponte dentária no lugar dos incisivos. Teve de trabalhar em vários subempregos antes de acertar na loteria de Hollywood. Sua estréia no palco da Broadway, com *See the Jaguar,* não ficou mais do que seis semanas em cartaz, e seus romances nunca passavam de um flerte inconsequente por parte "delas". Por essas e outras casualidades, seu antigo apelido de *one-speed Dean* passou a ser "tragédia grega motorizada".

Mas a vida (ou tragédia) continua. Em 1955, quando o diretor Nicholas Ray assiste ao filme de Kazan, tem certeza de que James Dean é o ator ideal para estrelar Jim Stark em *Juventude transviada* (*Rebel Without a Cause*), um filme sobre a delinquência juvenil, baseado no livro homônimo de Robert Lindner, cujos direitos já haviam sido adquiridos pela Warner. Mas Ray bate o pé e insiste na ideia de um argumento próprio — no qual depois Dean também iria auxiliá-lo com suas experiências — e utiliza apenas o título do livro que lhe agradou. O filme fez aumentar a fama de que Dean era um rebelde por natureza, pois o público quase sempre confunde o ator com os personagens que interpreta. Havia semelhanças entre James e Jim, principalmente no comportamento não convencional, não significando, porém, falta de sociabilidade. *Juventude transviada* é a base de todo o mito criado em torno de James Dean, mesmo se tivesse dispensado seu filme seguinte, *Assim caminha a humanidade* (*Giant*).

Ao término de *Juventude transviada*, Dean aceita trabalhar na superprodução *Giant*, dirigida por George Stevens, estrelada por Elizabeth Taylor e Rock Hudson, para ampliar seus horizontes e provar que não era apenas um ator de papéis de adolescentes rebeldes, transcendendo a própria personalidade e criatividade. Ele interpreta um empregado de rancho, texano, que herda um pedaço de terra, na qual jorra petróleo que o deixa milionário, mas solitário.

O produtor do filme, Henry Ginsberg, lembrou que a maneira de James se adaptar ao papel de peão foi um exemplo de perseverança. James era da opinião que um ator devia fazer muito mais do que simplesmente aparecer na tela. Assim, cavalgava diariamente, aprendeu a laçar gado e a tocar violão. Não iria fazer nada disso no filme, mas achava que assim conseguiria viver a essência mais profunda do personagem.

James iria assinar um contrato de quase 1 milhão de dólares, com a Warner, após *Assim caminha a humanidade*. Havia dois roteiros de filmes escritos para ele: *Marcado pela sarjeta* (*Somebody Up There Likes Me*), sobre o boxeador Rocky Graziano, dirigido por Robert Wise, e *Um de nós morrerá* (*The Left Hand Gun*), de Arthur Pen, sobre o lendário Billy The Kid. Esses dois filmes foram estrelados por Paul Newman.

As filmagens de *Assim caminha...* haviam terminado e, durante a vigência do contrato, James não poderia pegar no volante de nenhum carro, para não se ferir e comprometer as filmagens. James agora estava livre e se inscrevera para uma corrida em Salinas, Califórnia.

No dia 30 de setembro de 1955, uma sexta-feira, enquanto seguia para Salinas, com seu novo Porsche Spyder prateado, tendo ao seu lado o mecânico Rolf Weutherich, de 28 anos, bateu em um Plymouth num cruzamento próximo a Paso Robles, na estrada 466. Um jovem comerciante e universitário sai atordoado do Plymouth que dirigia, com leves ferimentos. Rolf também se salva. James Dean, aos 24 anos, morreu na hora. A histeria tomou conta da América. Luto em nome do mito que acaba de nascer. A Warner, que preparava o lançamento de *Juventude transviada* e estava em fase final de montagem de *Assim caminha...*, não deixa o *business* de lado. Aproveita para reforçar a imagem de James Dean como órfão solitário, anjo rebelde, romântico maldito e outras marcas fabricadas pela máquina do cinema, que confundiam mito com realidade.

O *rock-and-roll* também estava nascendo. E James Dean, o astro que representava a si mesmo, serviu de porta-estandarte para a rebeldia peculiar que o *rock* sempre trouxe em suas letras. Amante da velocidade, velozmente chegou e se foi. Ele sempre desconfiava que seu fim poderia estar numa encruzilhada de estrada. Jamais deu muita importância a isso. Antigalã que era, nunca soube que constava no testamento a herança do seu mito.

James Dean, o lobo solitário de Hollywood.

JAMES DEAN

Cronologia

Tempo de James Dean

Osny Arashiro

1931 — *8 de fevereiro* — James Byron Dean nasce às 2 da manhã, pesando 4,350 quilos, em Marion, pequena cidade no estado de Indiana, região Centro-Oeste dos Estados Unidos. O nome foi inspirado no poeta inglês Lord Byron, que a mãe admirava.

1937 — A família Dean muda-se com o filho único para Santa Monica, subúrbio de Los Angeles, na Califórnia. O pai de James, Winton (especialista em prótese dentária), foi trabalhar no Sawtelle Veteran's Administration Hospital, ganhando salário de 150 dólares por mês. A mãe, Mildred, vinha de uma família metodista de fazendeiros.

1939 — *10 de janeiro* — Nasce no Bronx Sal Mineo, quarto filho de um casal de operários. Mais tarde, iria interpretar Plato em *Juventude transviada.*

Setembro — O menino Jimmy escreve seu desejo num cartão chamado *wishing game* e guarda-o sob o travesseiro.

À noite, Mildred retira o papel e cumpre o pedido, presenteando o filho com um violino.

1940 — *14 de julho* — Morre de câncer Mildred Dean, mãe de James, que estava com 9 anos. A falta que ele sentiu da mãe repercutiu em sua formação e personalidade. Foi sempre carente, e a figura maternal era lembrada por sua bondade e por tê-lo posto no curso de violino e sapateado. No velório, em Fairmount, Jimmy enterra seu violino junto ao túmulo. Antes, porém, corta uma mecha dos cabelos da mãe.

James vai morar na fazenda dos tios Marcus Winslow e Ortense, e a prima Joan, de 14 anos, em Fairmount, Indiana. A casa era enorme, com mais de uma dezena de cômodos e cerca de 300 acres de terra para cultivar, com muitas árvores, flores e um riacho de águas límpidas. Ali próximo também moravam seus avós Emma e Charlie Dean.

1941 — Aos 10 anos de idade, Jimmy aprende a dirigir trator, pacientemente ensinado pelo tio Marcus. Ordenha vacas, apanha ovos no galinheiro, dá ração aos animais e, como bicho de estimação, adota um porco.

1943 — Winton Dean, viúvo havia quatro anos, casa-se novamente, com Ethel, em Santa Monica, Califórnia.

1944 — Aos 14 anos, ganha do tio Marcus uma bicicleta a motor Whirrer, tipo motoneta, com 1 cavalo de potência. Passa a adolescência trabalhando na fazenda e praticando *rugby.* Mas era do teatro escolar que James mais gostava de participar. A instrutora teatral da escola, Adeline Nall, encenava duas peças por ano, e Jimmy não perdia nenhum ensaio.

Final do ano — Durante a reunião anual da União das Senhoras Cristãs, Jimmy recitou um monólogo de um enforcado, e impressionou com sua atuação.

1945 — Entra na Fairmount High School. Participa dos times de beisebol e basquete do colégio. Apesar de sua baixa estatura, foi um bom jogador, chegando a quebrar 15 pares de óculos (tinha uma miopia de 3 graus) no esforço de ser bom atleta.

Junho — A tia Ortense dá à luz o menino Markie.

Verão — Em algumas noites, Jimmy fica no sótão da fazenda, tocando tambor. Em outras, enrola-se num lençol e caminha à beira do lago recitando poemas de Shelley.

Setembro — Numa feira agropecuária, montou num touro brahma de 300 quilos e foi lançado por terra, sofrendo luxação em uma costela. Já em outra ocasião, havia quebrado quatro dentes de uma vez, tentando um pulo de trapézio, arriscado para sua pouca idade.

1946 — Continua a representar peças no teatro da escola, dirigidas pela sra. Nall. Seus papéis preferidos são de personagens trágicos, bêbados, malditos, problemáticos: em *Mooncalf Mugford,* fez o papel de um velho, o que o levou a interpretar outro velho em *The Monkey's Paw*. Numa ocasião, Jimmy esmurrou um colega de escola por este ter zombado de seu recital poético, o que levou o futuro ator a ser suspenso.

1947 — *Outubro* — O cineasta Elia Kazan funda o teatro-oficina do Actor's Studio, com Cheryl Crawford, Lee Strassberg e Robert Lewis. É a mais prestigiada escola de teatro da década de 1950.

1948 — Aos 17 anos ganha a primeira "moto oficial", uma Triumph de 5 cavalos, de segunda mão, presente de 300 dólares do tio. Desde cedo vive em arriscadas acrobacias e curvas perigosas.

1949 — *21 de junho* — Aos 18 anos, Jimmy vence o concurso amador de arte dramática de Indiana, com um capítulo de *The Madness* (*O louco*), de Charles Dickens, o que

Na fazenda, Jimmy com os tios Ortense e Marcus e o primo.

Jimmy aos 13 anos ao lado do primo Markie.

lhe permite participar no concurso nacional, no Colorado, ficando em sexto lugar. Termina o colégio e planeja seguir para a Califórnia. Na festa de despedida, muitos amigos comparecem, inclusive a sra. Nall e o pastor De Weerd, seu amigo e conselheiro. Vai cursar Direito na UCLA, em Los Angeles, e morar com o pai e a madrasta. Ganha do pai um Chevrolet de segunda mão. Uma briga com colegas de classe o põe expulso da Faculdade.

Verão — Arranja emprego temporário como instrutor de atletismo. Sai da casa do pai e vai morar numa república de rapazes.

Outono — Entra para a Escola de Arte Dramática da Universidade de Los Angeles (UCLA). Escolhido entre mais de 300 estudantes-atores inscritos para uma montagem de *Macbeth*, Jimmy ganha o papel de Malcolm.

1950 — Por intermédio do colega Richard Shannon, bem relacionado em Culver City, Jimmy consegue um pequeno papel em *Fixed Bayonets* e *Has Anybody Seen My Gal?*. Em alguns meses ganhou 800 dólares, o suficiente para comprar uma nova moto Triumph, último tipo.

Páscoa — Volta a Fairmount, de motocicleta, vestindo roupa de couro, impressionando os tios a 100 km por hora.

1951 — *Outono* — Vai para Nova York cursar o Actor's Studio, à custa de empréstimos dos tios Winslow e do velho amigo reverendo De Weerd, de Fairmount. No bolso, 150 dólares. Na mala, três camisas e seis pares de meias. Calça *jeans*, blusão e sapatos, apenas uma peça de cada, que nunca troca. No início, morando em um hotel perto da Times Square, sentia muita solidão. Para preencher o vazio, assistia a três filmes diariamente. Depois, vai morar em um quarto na Associação Cristã de Moços. Trabalha como garçom e trocador de ônibus. Jimmy encontra Jane Deacy, a mulher que se tornará sua agente e nele vê o grande potencial artístico.

1952 — Faz diversas aparições em novelas da NBC, CBS e ABC, numa época em que a febre da televisão se espalha pelos EUA e mais de 500 teledramas são apresentados. Jimmy interpreta um jovem assassino em *As horas escuras*, um drama patrocinado pela General Electric, em que também aparecia Ronald Reagan, no papel de um médico.

Outono — Aventura-se como marinheiro, num iate pela península de Massachusetts e depois pelo Cape Cod. O dono do iate é produtor da Broadway, e Jimmy consegue o principal papel em *See the Jaguar*.

Sem dinheiro, viaja de carona para a fazenda dos tios, em Indiana, no dia de Ação de Graças. Leva dois amigos, que ficam conhecendo o lado campestre e simples de Jimmy. De volta a Nova York, começa a ensaiar *See the Jaguar*.

1953 — Encena na Broadway *See the Jaguar*, de Richard Wash, produzida por Lem Ayers. A crítica arrasa a peça, que sai de cartaz após seis apresentações, mas Jimmy chama a atenção de críticos que veem nele "um astro nascente". Volta à televisão como ator e faz *Studio One*, *Danger the US Steel Hour* e *Cherokee Story*. Faz figurações em teatro e comerciais para a televisão CBS, recebendo 5 dólares por hora. Ainda na CBS, consegue um papel em *Break the Bank*. Conhece Barbara Glenn, jovem atriz que o compreende e passam a conviver juntos.

Verão — Enquanto os titulares da CBS saem de férias, Jimmy permanece, candidatando-se para trabalhar em "pontas", como personagem coadjuvante em publicidades.

Dezembro — Recebe convite para encenar *O imoralista*, de André Gide, interpretando o papel de um árabe homossexual. Sucesso de crítica e público, mas se desentende com o diretor, embora receba o prêmio "Tony" como o mais promissor ator do ano.

"Quero crescer longe do mundo em que existimos."

1954 — *Março* — Elia Kazan conclui o roteiro de *A leste do Éden (Vidas amargas)*, de John Steinbeck, e convida Jimmy para interpretar Caleb Trask. Manda Jimmy para Hollywood, a "fábrica de sonhos". Na primavera começam as filmagens. Jimmy recebe 5 mil dólares adiantados e logo compra outra moto — tinha ao todo sete.

Maio — Durante as filmagens de *Vidas amargas*, no interior da Califórnia, Jimmy conversa sobre corridas com o colega Richard Davalos (que interpreta seu irmão, Aron Trask, no filme). Jimmy diz adorar motos de competição e que já arrebatou vários troféus na categoria amador. Por gostar de corridas é que em seu contrato com a produtora cinematográfica havia uma cláusula que o proibia de dirigir carros enquanto trabalhasse nas filmagens.

Marlon Brando e James Dean se conhecem (apresentados por Kazan), mas os dois não se tornam amigos, apesar da admiração de Jimmy por Brando. Certo dia, Marlon teria dito a Jimmy: "Por que você só anda com essas calças velhas e surradas?" Ao que Jimmy respondeu: "Que importância tem isso?"

Conhece Anna Maria Pierangeli, que estava filmando *O cálice sagrado* em um dos estúdios, e iniciam um romance. Por conta dessa paixão, Jimmy passa a se vestir melhor, deixa seu estilo boêmio e cuida melhor das unhas. Jimmy se apaixona perdidamente, mas a mãe de Pier não aprova o relacionamento.

Verão — Jimmy leva Pier Angeli à casa de seu pai, em Santa Monica. O velho Winton fica encantado, e Jimmy acha que encontrou sua cara-metade. Até escolheram uma mansão em Beverly Hills, como futura moradia.

Agosto — Terminam as filmagens de *Vidas amargas*.

Setembro — Jimmy volta a Nova York para cumprir um contrato de duas semanas com a CBS, assinado antes de sua ida a Hollywood. Tenta convencer Pier a ir junto, mas não consegue. Dois dias depois, em Nova York, lê nos jornais notícias sobre o "noivado oficial" da atriz Pier Angeli com o cantor Vic Damone. Esse brusco rompimento abala muito Jimmy.

Novembro — Pier e Vic se casam em Hollywood. Jimmy, clandestinamente, assiste ao casamento. Fuma nervoso, inconformado com o abandono da atriz, a mulher que ele mais amou. Após observar os noivos saírem da Igreja São Timóteo, "arranca" com sua moto Triumph.

1955 — *Janeiro* — No término das filmagens de *Vidas amargas*, Jimmy volta a Nova York, e depois a Fairmount para rever amigos e familiares. Leva seu amigo, o fotógrafo Dennis Stock, que faz uma reportagem fotográfica sobre Jimmy para a revista *Life*.

Reencontra-se com Barbara Glenn, que o compreendeu, namorou e ajudou nos tempos difíceis de Nova York. Ela está para se casar, e Jimmy insiste em vê-la pela última vez, ocasião em que o ator lhe oferece uma maleta cheia de dinheiro. Barbara recusa, achando absurdo Jimmy lhe pagar pelos antigos favores. Jimmy desabafa: "Você não pode me deixar!" Mas Barbara sai batendo a porta. Jimmy corre atrás, começa a gritar e a atirar o dinheiro em Barbara, que foge escada abaixo, a tempo de ouvir "quando eu morrer a culpa será sua".

Em Fairmount, revê tio Marcus, tia Ortense e o primo Markie. A sra. Nall também foi visitar o grande astro que ela viu nascer no colégio.

Março — Início das filmagens de *Juventude transviada*, com término em 30 de abril, quando Jimmy compra em Los Angeles um novo Porsche Spyder, prateado, por 6.800 dólares Para esse filme, o cachê de Jimmy foi de 50 mil dólares.

Maio — Término das filmagens de *Juventude transviada* e início de *Assim caminha a humanidade*. Durante as locações externas no interior do Texas, a Warner alugou algumas casas para acomodar as estrelas. James ficou na mesma casa com Rock Hudson e Chill Wills, mas ficou evidente que o ator mal tolerava a presença de Hudson, que, por sua vez, achava James sempre mal-humorado.

15 de setembro — Terminam as filmagens externas de *Assim caminha a humanidade*. Em uma das cenas com Elizabeth Taylor, porém, após repeti-la por 15 vezes, sem sucesso, Jimmy caminhou na direção da multidão de curiosos que assistiam à filmagem, baixou o zíper da calça e urinou. Voltou a representar a cena com Liz Taylor, que dessa vez saiu perfeita.

23 de setembro — Conforme memórias publicadas de Alec Guinness, este conta que certo dia estava em Los Angeles para rodar um filme e foi jantar no restaurante La Villa Capri — o preferido de James Dean. Lá chegando, não havia mesa livre. Jimmy, então, gentilmente convidou Alec e seus acompanhantes para sentarem-se à sua mesa. Antes, porém, Jimmy os chamou ao estacionamento para mostrar-lhes sua nova máquina Porsche. "Qual a velocidade máxima?", perguntou Alec. "De 240", respondeu Jimmy. Alec disse-lhe: "Nunca entre nesse carro, por favor! Se o fizer, estará morto dentro de uma semana". Jimmy sorriu, incrédulo.

27 de setembro — Inscreve-se, por telegrama, para o Troféu de Outono, na corrida de Salinas.

28 de setembro — Segue para sua casa de campo em Sherman Oaks, onde faz uma lavagem completa no Porsche

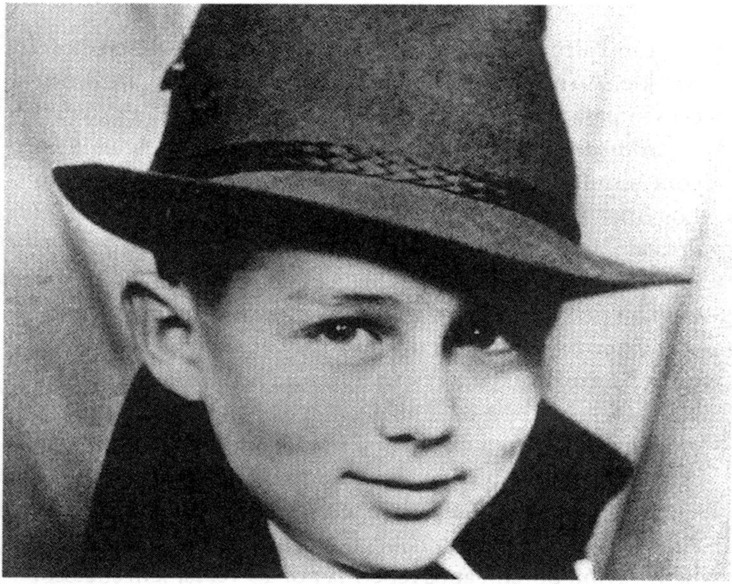

O olhar de galã já despontava no garoto de Indiana.

Aos 9 anos, idade em que ficou órfão de mãe.

Jogando basquete na *high school*.

e refaz a pintura do número 130 nas duas portas, com tinta vermelha. Segundo relato do amigo Nick Adams, naquela tarde Jimmy ficou de joelhos e beijou cada um dos faróis, como se o Porsche fosse sua verdadeira paixão.

À noite, telefonou para vários amigos, na tentativa de convidá-los para a corrida de Salinas. Falou com seu pai e com o diretor Nicholas Ray. Mas todos estavam ocupados com outros afazeres e somente Sandford Roth aceitou, pois estava preparando um álbum fotográfico de Jimmy e esse seria o momento ideal para fotografá-lo.

29 de setembro — Às 16 horas, recepção na Warner Bros para uma sessão privada de *Giant.* Os convidados aparecem em trajes de gala, entre eles, Rock Hudson, Carrol Baker, Elizabeth Taylor. O astro maior está atrasado e chega de calça *jeans*, camisa de flanela, mocassins de camurça, cheirando a graxa. A jornalista Louella Parsons, com sua prestigiosa língua ferina, aproximou-se e disse a Jimmy: "Está melhorando! Outro dia o senhor nos deixou esperando três horas. Hoje foram só cinquenta minutos. Mesmo assim, merece o título de 'o rei da velocidade' ".

À noite, entrega Marcus, seu gato de estimação (presente de Liz Taylor e batizado de Marcus em homenagem a seu primo de Fairmount) para a última namorada, Jeannet Miller, para que ela cuidasse dele até a próxima segunda-feira. Depois, telefona para Elizabeth Taylor, para se despedir, pois a atriz estava de partida para Londres, onde iria se encontrar com o marido, Michael Wilding.

30 de setembro — James Dean e o mecânico Rolf Weutherick vão no Porsche para Salinas. No Ford azul-celeste, seguem Bill Hickman e o fotógrafo Sandford Roth. A viagem, em velocidade normal, demoraria sete horas.

Ao norte de Bakersfield, na Rota 99, dois guardas de motocicleta param Jimmy e o multam em 8 dólares, por excesso de velocidade. Sandford, que tentava segui-lo, também foi multado e aproveita para pedir a Jimmy que não corresse tanto.

Às 18 horas, Jimmy bate seu Porsche a 160 km por hora, próximo à cidade de Salinas, no entroncamento Grapevine, da estrada 466 com Highway 41. Morre o ator, nasce o mito. O motorista do Plymouth preto que se chocou com o Porsche escapou com um dente quebrado e ferimentos na testa. O mecânico Rolf Weutherick também escapou com vida, quebrando o queixo e o fêmur esquerdo. Porém, inconformado com sequuuuuuelas e a imprudência do motorista Jimmy, reclama indenização de 100 mil dólares. Ele voltou a andar, mas ficou com amnésia parcial.

1º de outubro — Amigos de Jimmy ficam inconsoláveis com a notícia da sua morte. Natalie Wood chorou por muito tempo, imóvel, incrédula e com os braços caídos. Jeannet Miller, a última namorada, passa a frequentar o divã dos psicanalistas. Elizabeth Taylor desmaia nos braços do diretor George Stevens. Pier Angeli, apesar de tudo, acende uma vela na igreja. Grandes astros como Frank Sinatra, Ava Gardner, Lauren Bacall, Judy Garland, adiam seus compromissos em sinal de luto pelo jovem ator que agora se tornava mito.

8 de outubro — O pai de Jimmy sepulta o corpo do filho ao lado da mãe, no cemitério de Fairmount. Mais de 8 mil pessoas acompanham o funeral. Três semanas depois, estréia no cine Astor, em Nova York, *Juventude transviada.*

Um oportunista agente imobiliário de Burbank, Califórnia, chamado William S. Eschrisch, compra por mil dólares a sucata do Porsche Spyder de James Dean, poucos dias depois do acidente.

Dezembro — Eschrisch vende por 2,5 mil dólares a sucata para dois publicitários de Hoollywood. No Natal, no bulevar Ventura, um estande foi aberto ao público, que podia ver o carro (parcialmente reconstituído) mediante o ingresso de 25 cents. Por mais 25 cents podia se sentar no banco e segurar o volante fatídico do Porsche.

1956 — Menos de seis meses depois da inauguração do estande, 780 mil ingressos tinham sido vendidos e milhares de jovens haviam-se sentado por trinta segundos no banco do Porsche e girado o volante de marfim.

Maio — Surgem nas manchetes de jornais: "o ídolo da juventude estará mesmo morto?" A notícia se baseava em rumores de que James Dean, desfigurado, mutilado, inválido, estaria internado numa clínica psiquiátrica, escondido dos fãs.

Outubro — Estréia de *Assim caminha a humanidade* (*Giant*).

1957 — Lançado o filme *A história de James Dean* (*The James Dean History*), de Robert Altman, pela Warner Bros.

1958 — Primeira exibição pública de *Assim caminha a humanidade* no Brasil, durante o festival "A História do Cinema Norte-americano", organizado pela Cinemateca do Museu de Arte Moderna do Rio de Janeiro.

Quase dois anos após a morte de James Dean, mais de 10 mil fãs norte-americanos ainda guardavam luto, com tarja preta em sua foto. Tudo o que se referia a Jimmy valia ouro, desde suas roupas vendidas aos retalhos, até pedaços de parede em que supostamente o ídolo tivesse se encostado. Ainda hoje, diariamente, fãs do mundo todo depositam coroas, deixam marcas de batom na lápide e visitam a casa de Fairmount, na qual o astro viveu um terço de sua curta existência. Ninguém duvida de que o túmulo de Jimmy é o mais florido entre todas as sepulturas de um mito.

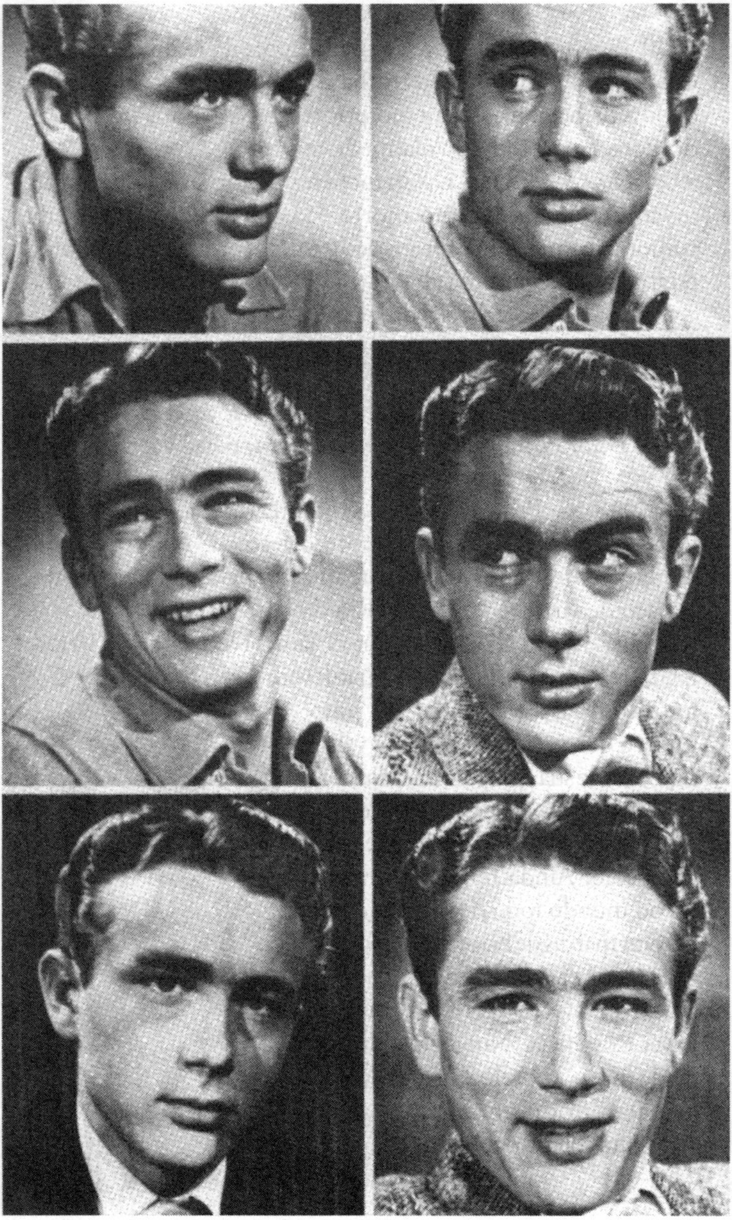

Série de fotos do ator para teste de fotogenia.

"Viver rápido para morrer jovem"

James Byron Dean nasceu em 8 de fevereiro de 1931, na cidadezinha de Marion, estado de Indiana. Seu pai, Winton Dean, era um respeitável técnico em ortodontia, que trabalhava para o governo federal, e a influência artística veio da mãe, Mildred, que dominou a infância de Jimmy.

Sobre o pai, ele declara:

Nunca o compreendi. Nunca soube o que ele queria, que tipo de pessoa era, porque nunca tentou ver as coisas do meu lado, nem tentou ver as coisas como eu via quando era pequeno. Eu estava sempre com mamãe, e éramos muito chegados. Ela costumava jogar um barco de papel na água e depois agitar o dedo para fazer um rodamoinho... eu sempre ficava tonto! Eu ria muito, e queria fazer eu mesmo, mas o que acabava ocorrendo é que o barco ficava de cabeça para baixo e afundava. Nunca entendi direito como é que ela conseguia fazer aquilo sem afundar o barquinho.

Essa época feliz nunca foi esquecida.

Um velho álbum de fotografias, que estou carregando em minha cabeça.

Quando, com 4 anos de idade, a família mudou-se para Santa Monica, na Califórnia, ele foi matriculado na Brentwood School. Lá, sentiu-se um estranho e fez poucos amigos. Declarou, sobre ser amado:

Um dos impulsos mais profundos do ser humano é o desejo de ser apreciado, a vontade de ser amado, estimado, e ser uma pessoa procurada.

Em 1939, a mãe de Jimmy recebeu o diagnóstico de câncer, e sua saúde declinou rapidamente. Em pouco tempo foi internada no hospital. Durante as visitas, Jimmy lia em voz alta para entretê-la.

Eu sabia que ela dormia antes do final da leitura. Mas depois acordava e dizia: "Estou ouvindo, Jimmy. Só estava de olhos fechados".

No ano seguinte, Mildred Dean morreu... uma perda que assombraria Jimmy pela vida inteira.

Pareceu pior do que eu mesmo morrer.

Minha mãe morreu e me abandonou quando eu tinha 9 anos. O que ela queria que eu fizesse? Que fizesse tudo sozinho?

Ninguém ajuda a gente, a gente faz tudo sozinho. Não devo nada a ninguém.

Eu costumava chorar sem parar na sepultura dela e dizer: Mãe, por que você tinha de me abandonar? Preciso de você... quero você.

Bem mais tarde essa cena transformou-se em Jimmy socando a sepultura, gritando:

Você vai ver, não devia ter-me deixado... dane-se, vou ser grande, mesmo sem você!

Winton Dean quase foi à falência ao pagar as contas de hospital da esposa, e foi decidido que o pequeno Jimmy voltaria para Indiana, a fim de morar com os tios abastados, Marcus e

Ortense Winslow. Ele recorda seus sentimentos confusos ao chegar na fazenda do tio, em Fairmount:

Não sei se eu estava atrás de uma fonte maior de vida e expressão... ou de sangue.

O sítio de meu tio era uma fazenda de verdade, e eu trabalhava como louco enquanto tivesse alguém olhando para mim. Quarenta acres de aveia é um palco bem grande, e quando não havia público eu tirava uma soneca, e nada de arar e preparar a terra. Então encontrei um amigo que morava em Marion, e ele me ensinou a lutar, matar gatos, e outras coisas que os meninos costumam fazer atrás dos celeiros. E comecei a viver.

Eu saía no meio das vacas com a motocicleta. Elas ficavam apavoradas. Começavam a correr, as tetas ficavam balançando, e elas perdiam um quarto do leite.

Na época em que ganhou a motocicleta, suas notas não eram satisfatórias, mas a própria tia Ortense levou-o para a Women' s Christian Temperance Union, a fim de participar de competições dramáticas.

Eu sentia necessidade de provar a mim mesmo que tinha facilidade. Em vez de recitar pequenos poemas, eu recitava odes sangrentas. Isso me tornava um monstrinho de calças curtas. Mas ganhei todas as medalhas que o WCTU tinha a oferecer. Tornei-me muito eficiente.

Uma de minhas professoras era uma atriz frustrada. Por intermédio dela, participei e ganhei um concurso de oratória dramática, recitando um poema de Dickens, chamado *O louco.* Era sobre um cara muito pirado, que “apaga” um monte de pessoas. Começa com um grito. Acordei de verdade aqueles juízes!

Em relação ao desempenho escolar, dizia:

Por que Deus pôs todas essas coisas aqui para a gente se interessar?

"Gosto dos animais porque me aceitam tal como sou. Ou gostam ou não gostam de nós, mas nunca nos julgam."

Muitos anos depois alguém lhe pergunta sobre o que o levou a decidir ser ator.

Foi por acidente, embora eu estivesse envolvido com um tipo ou outro de apresentações teatrais quando era menino... na escola, música, atletismo. Para mim, representar é a forma mais lógica para que as neuroses das pessoas se manifestem, dentro da grande necessidade que temos de nos expressar. Segundo minha forma de pensar, uma carreira de ator está traçada mesmo antes que ele saia do berço.

Nunca fui fazendeiro. Sempre quis sair de lá, mas não cheguei a fugir porque nunca quis magoar ninguém.

A decisão de representar nunca foi posta. Toda a minha vida se passou como uma exibição de expressão dramática.

Em junho de 1949, após a formatura, Jimmy despede-se de Fairmount, indo ao encontro do pai, em Santa Monica, para dedicar-se à carreira de ator. Mas nunca esqueceu a importância dos anos de escola.

Quaisquer habilidades que eu possa ter cristalizaram-se quando eu estava lá no ginásio, tentando provar algo a mim mesmo... que podia conseguir, eu acho.

Primeiras lutas

Quando James Dean chegou em Los Angeles, ingressou imediatamente no musical The Romance of Scarlet Gulch. *Porém não se deu bem com os companheiros atores.*

O grupo mais altivo e narcisista que já se viu, uns pulando na garganta dos outros o tempo todo. Mas se alguém de fora tenta interferir, eles se juntam como companheiros inseparáveis... que vida! Aprendi muito com eles, acho que tenho de demonstrar paciência. Eles nunca conseguiram nada antes dos 20, 30, e até 40 anos.

Depois de Jimmy ler as cenas de Hamlet, *Jean Owen perguntou a ele se havia estudado Shakespeare com os grandes intérpretes, como Lawrence Olivier e John Gielgud.*

Estudei por muitos anos no meio de um campo de trigo em Indiana.

Quero fazer *Hamlet* logo. Só um jovem pode interpretar *Hamlet* como ele era... com ingenuidade. Lawrence Olivier interpreta da forma segura. Alguma coisa fica perdida quando os homens mais velhos o interpretam. Antecipam as respostas. Não se acredita que *Hamlet* esteja pensando... apenas declamando. Sonoridade de voz e técnica os mais velhos têm, mas não fazem o tipo de *Hamlet* hesitante, sensível, à procura do rapaz que ele era na verdade.

Só para ter algo que fazer, eu me inscrevi num curso de Direito, na Universidade da Califórnia. Para isso precisei de um certo conhecimento da arte de representar. Cheguei mesmo a entrar para uma fraternidade no campus.

Apesar de ter-se inscrito em um curso de Direito, Jimmy estava decidido a tornar-se ator, quando realizou o teste para participar da produção de Macbeth. *Escreveu numa carta aos tios:*

O maior impacto da minha vida foi há três semanas,

depois de uma semana de testes para quatro grandes produções teatrais, sendo *Macbeth* a maior delas, a ser apresentada no Royce Hall (1.600 lugares). Depois do teste de 367 atores e atrizes, consegui um papel em *Macbeth*, como Malcolm (papel importante)...

Apesar disso, a peça não causou impacto especial, e ele comenta o ambiente na escola:

Muitos diretores e poucos atores.

Acaba expulso da fraternidade, depois de brigar com dois colegas que o aborreciam pelos seus pendores dramáticos.

Acertei um par de caras no nariz, e fui expulso.

Jimmy foi morar em Santa Monica, participando de uma série de testes, e decidiu abandonar os estudos acadêmicos de arte dramática.

Eu queria ser ator profissional. Não conseguia aguentar toda aquela baboseira de tomadores de chá.

Acho que não existe nada que não se consiga fazer quando a gente se dedica completamente. A única coisa que impede as pessoas de conseguirem o que querem são elas mesmas. Elas põem muitas barreiras no caminho. É como se tivessem medo de ser bem-sucedidas. De uma certa forma, acho que sei o porquê. Existe uma enorme quantidade de responsabilidade que vem com o sucesso, e quanto maior o sucesso, maior a responsabilidade. As pessoas não querem esse tipo de responsabilidade.

Mas acho que se você não tiver medo, se usar tudo o que é, tudo o que vale a pena em você, e dirigir para um único objetivo, uma meta importante, você tem de chegar lá. Se você começa a aceitar o mundo, deixando as coisas ocorrerem a você, ao seu redor, as coisas acontecem de uma forma que você jamais sonhou que sucederiam.

É por isso que pretendo ficar na coisa. Não quero apenas

ser um bom ator. Não quero nem mesmo ser o melhor. Quero crescer e crescer, crescer tão alto que ninguém possa me alcançar. Não para provar alguma coisa, mas só para ir aonde a gente tem de ir quando devota toda a vida a uma coisa, e você inteiro é essa coisa.

Talvez possa parecer loucura, egoísmo ou algo parecido, mas acho que existe apenas uma forma de grandeza para um homem. Se um homem puder ultrapassar o abismo entre a vida e a morte, quero dizer, se conseguir viver depois que morreu, então, talvez, tenha sido um grande homem. Quando falam sobre o sucesso, falam sobre chegar ao topo. Bem, não há topo. É preciso continuar sempre, nunca parar em ponto nenhum. Para mim, o único sucesso, a única grandeza para um homem é a imortalidade. Ter o trabalho lembrado na história, deixar alguma coisa neste mundo que dure séculos... isso é grandeza.

Quero crescer longe do mundo mesquinho em que existimos. Quero deixar tudo para trás, todas as coisas mesquinhas sobre assuntos frívolos, coisas que estarão completamente esquecidas daqui a cem anos, de qualquer forma. Existe um nível, acima do qual tudo é sólido e importante. Tentarei chegar lá e encontrar um lugar perto da perfeição, um lugar onde todo esse mundo confuso deveria estar, e poderia estar, se tivesse tempo de aprender.

Sobre as aulas informais de arte dramática com James Whitmore e sua influência na carreira, ele declara:

Devo muito a ele. Acho que posso dizer que me salvou quando fiquei confuso. Ele me disse que eu não sabia qual era a diferença entre realizar um trabalho comercial e arte dramática. Precisava aprender as diferenças. As pessoas me perguntam coisas ridículas, como: “Quando você resolveu ser ator?”... Não sei se existiu essa época. Percebi que era um ator por causa de James Whitmore. Sempre existe alguém que abre os olhos da gente. Para mim, foi Whitmore. Ele

Flagrantes de Nova York: ele chegou à cidade
com 200 dólares no bolso.

fez que eu enxergasse a mim mesmo. Ele me abriu, deu-me a chave.

Ao mudar para a casa de Rogers Brackett, um jovem diretor da CBS, James Dean consegue seu primeiro papel num filme: Fixed Bayonets. *Depois, ele comenta o trabalho:*

Lá estávamos nós, todos agachados atrás daquela colina, cobertos de suor e sujeira. Era de noite, chovia, sabe como é, Hollywood de verdade. Tive exatamente uma fala. Era assim: "É um soldado da retaguarda voltando". Que papel!

Lembro da primeira vez que precisei pôr maquiagem. Sentei ali e o maquiador disse: "Ponha a cabeça para trás e o queixo para o alto", e começou. Olhando para o espelho, eu soube onde estava e o que deveria fazer.

Fazendo uma ponta numa comédia de Jerry Lewis e Dean Martin, Jimmy precisou canalizar todas as energias para superar o nervosismo.

Talvez eu tivesse fumado demais, ou tivesse bebido muito café, mas fiquei enjoado, e pensei que fosse vomitar em cima de Jerry Lewis.

Rogers Brackett tenta apresentá-lo à roda de coquetéis de Hollywood, na esperança de que ele faça os contatos adequados.

Sabe, é uma coisa revoltante. Outro dia estávamos sentados ao lado da piscina, e apostei com Rogers que o nome LaRue ou Mocambo seriam usados pelo menos cinquenta vezes na hora seguinte. Contamos, e eu ganhei. Que monte de porcaria.

É mesmo uma porcaria. Com a pose e riqueza que têm, eles se julgam deuses. Essa cidade está cheia deles. Eles pegam os simplórios, como eu, e os fazem representar. Sabe... ficam correndo ao redor dos outros como bobos da corte, bajulando as pessoas importantes... achei que podia valer a pena. Mas não leva muito tempo para perceber que não funciona. Não vou representar para nenhum deles. Chega. Se não puder vencer pelo meu talento, prefiro não vencer.

Segue-se uma fase em que ele vai ficando sem dinheiro, e sem esperança. Comenta com a namorada, Beverly Wills:

Se pelo menos eu pudesse realizar algo antes de morrer...

Ele sentia o cheiro do sucesso ao redor:

Estava à minha volta o tempo todo, cara. Eu parava na vitrine de locais como o Coffee Dan na Vine Street, porque era do outro lado da NBC e sempre estava tentando conseguir algo por lá. Mesmo que fosse apenas um papel pequeno, não me importaria, mas em determinada hora, quando olhei minha imagem no vidro, achei meu rosto estranho, cara, muito estranho... Era como se não fosse mais eu, apesar de que tudo estivesse ali... aquele garoto andando por lá, e Hollywood desabando em cima de mim. Cheguei a ficar com sangue em minhas meias pelas bolhas que estouravam de tanto andar por ali... não interessa quanto eu andasse para ver essas pessoas, não iria funcionar para mim, e eu me perdi. Simplesmente... me perdi.

Quando seu mentor, James Whitmore, sugere que ele vá tentar a sorte em Nova York, Jimmy não precisou de muita persuasão. Estava fascinado pela cidade desde 1949. Sobre Los Angeles, declara a um amigo:

Não aguento mais ficar nessa pocilga.

Nunca me deram uma chance de verdade por aqui, não sou do tipo adolescente, e tampouco sou o tipo do galã. Pode me imaginar fazendo amor com Lana Turner?

Preciso ser fiel a ele [o destino]. Em qualquer caso, está escrito que eu vou conseguir, e que vou conseguir como Marlon conseguiu... que vou ser uma estrela gigante da tela.

Nova York

James Dean chegou a Nova York no outono de 1951, com 200 dólares no bolso. Hospedou-se num alojamento da Associação Cristã de Moços.

Nova York me impressionou. Nas primeiras semanas, eu só me afastava algumas quadras do hotel, até Times Square. Assistia a três filmes por dia, em minha ânsia de escapar da solidão e da depressão. Gastei 150 dólares dos meus limitados fundos só no cinema.

Pouco depois, ele escreve uma carta a Barbara Glenn, uma amante, falando dos primeiros dias na cidade.

Na melancolia da noite, as batidas baratas, monótonas, simbólicas e sensuais dos tambores tatuam imagens de orgia em meu cérebro. O cheiro de gim e 90% de cerveja entremeia-se com estatísticas vagas, às vezes elaboradas, às vezes imóveis, às vezes dolorosamente rígidas, até que finalmente as aguardadas convulsões que enchem a neblina de goma de mascar com um misto de suor, atirando os espectadores num espasmo de alegria contida. A virgem bestial dos sete dias da semana curva-se com a graça de uma bailarina bêbada. Gotículas de suor azedo escorrem de sua bem formada anatomia para as ansiosas celebridades da primeira fila, que a lambem com animação doentia. A Aura do Horror. Eu vivo acima e abaixo... É minha Divina Comédia. O Dante da rua 52. Não existe paz em nosso mundo. Amo você.

Gostaria de escrever sobre coisas mais agradáveis, ou ficção, mas não devemos evitar a realidade, devemos? As coisas que escrevi são verdadeiras. É muito penoso escrever sobre elas. Estou sozinho. Desculpe. Estou sozinho.

Você não acredita o quanto tive de andar por aqui tentando ver as pessoas certas, quero dizer, as que fazem a produção e a contratação dos atores; eu sabia que os papéis eram perfeitos para mim.

Descobri um mundo novo aqui, uma maneira nova de pensar... essa cidade é o máximo. Eles têm de tudo no mundo aqui. Quero dizer, se você deixar as coisas acontecerem, não existe forma de prever aonde se pode chegar. É o talento que importa aqui. Você precisa ficar com ele ou perder-se. Eu gosto.

Os tempos eram difíceis para Jimmy, como conta o roteirista Frank Wayne.

— Ei, Frank, se vocês não vão mais usar o pudim, posso comer?

— Tem certeza de que vai querer comer toda essa tapioca?

— Cara, agora qualquer coisa cairia bem. Não como nada há dois dias.

Ele declara certa vez, comparando Nova York a Hollywood:

Não me entenda errado. Não sou um dos espertinhos que tentam rebaixar o papel de Hollywood. Ocorre que encaixo melhor no andamento e na cadência daqui. Nova York é vital e, acima de tudo, fértil. São um pouco mais difíceis de encontrar, mas aí em Hollywood, atrás de todo o cenário, existem seres humanos, sensíveis à fertilidade da mesma forma. O problema para esse gato... eu... é não se perder.

Depois de obter as primeiras figurações, ele escreve para os tios, relatando seus progressos:

Consegui grandes progressos em meu ofício. Depois de meses de testes, estou orgulhoso em anunciar que sou membro do Actor's Studio. A maior escola de teatro. Ensinou grandes atores, como Marlon Brando, Julie Harris, Arthur Kennedy, Elia Kazan, Mildred Dunnock, Kevin McCarthy, Monty Clift, June Havoc, e assim por diante. Muito poucos conseguem entrar, e é absolutamente de graça. Essa é a melhor coisa que pode ocorrer a um ator. Sou um dos mais novos... Se conseguir me manter lá, e nada interferir com meu pro-

"Vim para Hollywood para representar, não para agradar à sociedade."

gresso, um desses dias posso estar pronto a contribuir com alguma coisa para o mundo...

Na escola, ele achou difícil suportar o método crítico de Lee Strassberg. Conta-se que saiu no meio de uma dessas demonstrações.

Não sei o que está dentro de mim. Não sei o que sucede quando represento... por dentro. Mas se eu deixar que me dissequem como um coelho num laboratório de pesquisas, talvez eu não possa produzir de novo. Eles são capazes de me esterilizar!

Aquele homem não tinha o direito de me arrasar daquele jeito. Se você fica diminuindo uma pessoa, tira a garra dessa pessoa. E para que serve um ator, sem garra?

Aquele homem é como uma ambulante enciclopédia com uma compreensão fantástica sobre comportamento humano. A maior parte do que aprendi veio daquele homem.

Seja o que for que me faz desse jeito, é como filme fotográfico. O filme só funciona no escuro. Se deixar bater a luz, a gente estraga tudo.

Comentando um trabalho não conseguido em virtude da altura:

Como se pode medir a representação em centímetros?

O trabalho ainda não aparecera com regularidade, e a preocupação principal era a comida. Para tentar esquecer essas preocupações e elevar o ânimo, Jimmy sugeriu aos amigos Bill Bast e Dizzy Sheridan que fossem visitar a fazenda do tio, em Fairmount.

Vamos para Indiana, para a fazenda. Vocês vão adorar. É tudo limpo, fresco, com muitas árvores e campo aberto. Muita boa comida, galinha, carne, tudo isso. Temos vacas, porcos... todo o necessário.

Foram de carona, mais de mil quilômetros. Ao chegar, ele reencontrou sua adorada motocicleta.

Acho que nunca vou vender. É como um amigo ou um irmão. E é difícil encontrar amigos no meio de teatro.

Algum dia, quando conseguir chegar lá, vou ver se consigo que eles [os tios] vendam esse lugar e se mudem para um clima mais seco, como no Arizona, onde a artrite da tia Ortense não a incomode tanto. Algum dia eles vão ter o tipo de vida que merecem, sem todo esse trabalho e as preocupações.

Ainda de férias, recebeu um aviso de Jane Deacy, de Nova York, para voltar e realizar um teste na peça See the Jaguar. *Bill Bast conta que o viu no meio do campo de trigo, embaixo de chuva, gritando e gesticulando fortemente.*

Isso me ensina a projetar a voz até as últimas fileiras do teatro, e também ajuda a superar o medo do público.

O palco é como uma religião; você se dedica a ele, e de repente descobre que não tem mais tempo para ver os amigos, e é difícil eles entenderem. Não se vê ninguém. Você fica sozinho com sua concentração e imaginação, e é tudo o que se tem. Você é um ator.

Sempre achei que minha melhor parte ainda está para vir; e quando chegar, sei que não vou ficar satisfeito.

Conseguiu o papel, e declarou numa entrevista de rádio, pouco antes da estreia, quando perguntaram se era fatalista:

De uma certa forma, sou. Não sei exatamente como explicar isso, mas tenho um palpite de que existem algumas coisas na vida que simplesmente não podemos evitar. Elas acontecem com a gente, provavelmente porque somos construídos dessa forma... atraímos nosso próprio destino... fabricamos nossa sorte.

Quero viver tão intensamente quanto possível. Ser útil e ajudar os outros no que for possível, pelo menos. Mas viver para mim mesmo, também. Quero sentir coisas e experiências até as raízes... aproveitar a boa vida enquanto é boa.

A crítica elogiou muito a atuação de James Dean na estreia, e ele começou a fazer papéis coadjuvantes na televisão, chamando a atenção de uma determinada faixa de público, principalmente pela aparência. Sua dedicação era intensa. Certo dia, um amigo perguntou por que ele estava roendo as pontas dos dedos. Ele responde:

Sabe como é, cara, estou fazendo esse papel de caubói na televisão, e o personagem precisa sacar a arma. Precisa sacar rápido, sabe? Preciso ter dedos sensíveis.

Sobre as cartas dos fãs, que se concentravam principalmente em seus atributos físicos:

Vocês deviam ver algumas cartas das velhinhas que assistem à televisão. Dizem-me que devo usar calças mais justas. Elas têm esse clube de mulheres de 50 a 75 anos; ficam sentadas com seus gatos, depois escrevem essas cartas sujas. É difícil de acreditar.

Numa loja é reconhecido por suas aparições na televisão.

A última vez que estive nessa loja, ninguém prestou atenção em mim. Eu era muito pequeno. De repente parece que cresci alguns centímetros.

Nessa fase, ele desenvolve um relacionamento mais estável com Barbara Glenn, também atriz. Ela viajava muito, e Jimmy frequentemente se sentia solitário.

Nunca pensei que alguém pudesse conhecer tão poucas pessoas como eu. É minha maldita culpa. Lamas e cientistas podem esbravejar. Tudo não é apenas ilusão. Você é minha prova. Você foi para Israel, mas não foi. Estou sozinho sem você. Os pensamentos são doces, depois sacanas, depois perversos, depois penitentes, depois doces. A lua não é azul. Não fica mais pendurada lá no céu.

Por favor, perdoe-me por uma carta tão sem capricho. Estou um pouco bêbado, ultimamente mais vezes. Entenda, eu não sei mais do que você o que está ocorrendo. Os seres humanos são estranhos. Também me importo.

Num balanço violáceo de salmos, almas murmuram sua melodia inacabada... Quando vivemos, e quando não vivemos? No meu estupor alcoólico, disse uma pérola. Devo repetir para você, meu amor. Vamos ver: "Grandes atores são fígados pretensiosos. O ator pretensioso, um grande fígado". (Não precisa ficar com dor de cabeça, pensando.) Droga! Estou com saudades. Você está fazendo muita falta. Volte. Talvez eu possa subir e ver você. Acha que precisa de compreensão? Quem pensa que é? Eu mesmo podia usar um pouco.

Seu amigo Bill Bast resolve voltar para a Califórnia, e Jimmy lhe dá conselhos na hora da partida:

Esqueça o resultado final. Lembre-se, a gratificação vem do trabalho, não dos resultados finais. Simplesmente, lembre-se de quem você é, e o que você é, e não engula nada deles por lá.

Desde a sua primeira moto, a paixão pela velocidade
começa a ser uma obsessão e uma fuga.

O comportamento de James Dean sempre foi excêntrico. Em certa oportunidade, levou uma poltrona para o meio de uma rua movimentada e instalou-se ali, com ar desafiador.

Seus filhos da mãe, nunca ficam chateados? Eu só queria alegrar as coisas, cara, só isso. Olhe para você. Antes que eu fizesse isso, estávamos todos quietos, comendo e bebendo, e do lado de fora um bando de trabalhadores-padrão estava indo para o lar e a esposa, como todas as noites. Agora vocês estão excitados, e eles também, cara. Vão falar durante anos sobre isso.

Um ator deve ter um interesse fundamental em todas as coisas. Para interpretar a vida, você precisa estudar todos os aspectos dela.

Agora sou um rapaz árabe chantagista, interpretado por James Dean. Não sei mais que diabo sou. Eles estão reescrevendo bastante. Nos ensaios, eu estava trabalhando com elementos de tragédia. Um papel de tragédia de verdade, *pathos*, etc... Acabei sendo a nota cômica. O Leon Errol do *show Balls*.

Os ensaios são bem confusos nesse ponto. A iluminação, etc. Não posso falar ainda sobre a peça. Para mim parece uma porcaria. Palcos estereofônicos e atores em 3-D. Provavelmente será um sucesso monstruoso... Detesto essa porcaria de maquiagem marrom.

A estreia de O imoralista, *em fevereiro de 1954, foi um sucesso triunfante, pelo qual James ganhou dois prêmios. Na mesma noite procurou seu amigo, o ator Bill Hickey:*

Queria dizer que vou abandonar a peça. Fique com o papel.

Ninguém entendeu os motivos, até que se tornou pública sua contratação pelo famoso diretor Elia Kazan, para representar o lendário papel de Cal, em Vidas amargas.

Vidas amargas

Na primavera de 1954, Elia Kazan chega com James Dean a Hollywood. O jovem ator sentiu-se identificado com o personagem:

Não li o livro. Da forma que trabalho, prefiro estudar a adaptação do roteiro a estudar fonte. Acho que não terei problemas, não muitos, pelo menos, com esse papel, mesmo porque entendi o personagem. Eu sabia, também, que se tivesse problemas com o passado do rapaz podia contar com Kazan.

Montgomery Clift era um dos ídolos de Jimmy, que não perdeu tempo em telefonar para ele:

Sou um grande ator, e você é meu ídolo. Preciso vê-lo porque tenho de falar com você.

A atitude de James Dean em relação ao sistema de Holywood iniciou-se desde o primeiro dia, como ele comentou com Bill Bast:

Eles me fizeram engolir um bocado de coisas quando estive aqui da última vez. Não vão fazer isso de novo. Dessa vez vou me certificar disso.

Por que diabo devo mudar? Nenhum filho da mãe vai me dizer o que fazer. Tudo o que tenho feito, tenho feito nos meus próprios termos. Não aceito ordens de ninguém.

Não preciso de Holywood. Talvez eles não precisem de mim também, mas estou em vantagem. Tenho algo que eles querem, e vão ter de pagar bem para obter.

Em certa oportunidade, quando a reunião com seu agente foi interrompida por outro profissional, Jimmy deixa bem clara sua atitude ao invasor:

Você entra aqui, choramingando como um bundão quando estamos no meio de uma reunião. Não tem educação?

Depois explicou ao agente:

Esse panaca de boca grande! Há quatro anos ele me fez passar maus bocados tentando conseguir uma entrevista aqui.

Essa imagem ainda era encorajada pela Warner, para reforçar a ideia de rebeldia. Já na primeira entrevista à imprensa, James Dean foge dos padrões:

Vacas, porcos, galinhas e cavalos podem não parecer professores dramáticos de primeira, mas, acreditem ou não, eu aprendi muito sobre representar com eles. Trabalhar numa fazenda me deu uma visão da vida, que foi tremendamente útil para compor personagens... Uma pessoa neurótica tem necessidade de expressar-se, e minha neurose se manifesta no dramático. Por que a maior parte dos atores representa? Para expressar a fantasia na qual se envolveram.

Apesar de tudo, a solidão de James Dean continuou durante as filmagens, como ele descreve em sua carta para Barbara, que permanecera em Nova York.

Não gosto daqui. Não gosto das pessoas daqui. Gosto de casa (Nova York), gosto de você, e quero ver você. Será que sempre preciso me queixar? Tento fazer as pessoas me rejeitarem. Por quê? Não queria escrever esta carta. Seria melhor permanecer em silêncio. Uau! Estou na merda... QUERO MORRER. Já disse às garotas daqui que se danassem, e que não passavam de prostitutas estéreis e sem sentimentos. NÃO FUI PARA A CAMA COM NINGUÉM. E não pretendo, até terminar o filme e estar seguro em Nova York (cidadezinha íntima, isso sim); parece incrível, mas é verdade, juro. Portanto pare tudo, pare de respirar, pare a cidade de Nova York até (trombetas soando) James Dean voltar. Uau! Estou na merda... Não tenho motocicleta, não tenho garota.

Essa fase não demorou a passar, pois ele logo foi visto com um MG esporte, acompanhado por belas starlets. *Muitos desses encontros eram programados pelos estúdios, para efeitos*

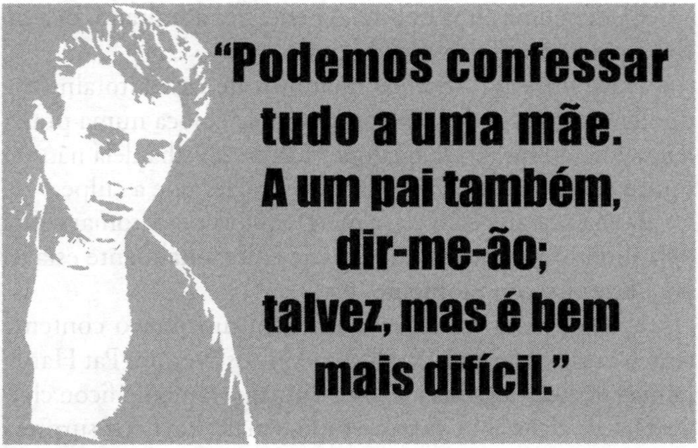

publicitários. Uma dessas garotas foi Vampira, uma estrela de televisão.

Nunca saí com Vampira, e acho bom esclarecer isso. Tenho um certo conhecimento de forças satânicas e estava interessado em saber se essa garota estava interessada em tais forças. Ela era um assunto sobre o qual eu queria aprender. Encontramo-nos e conversamos. Ela não sabia de nada! Usa sua caracterização como desculpa para a expressão mais infantil que se possa imaginar.

Certa vez James disse a Ella Logan, amiga de Kazan, numa conversa no set *de filmagem:*

Gosto de você, Ella. Você é boa. Mas, sabe como é, gosto também de pessoas más. Acho que é porque fico curioso para saber o que as torna más.

Sobre Pier Angeli, uma atriz italiana, James declara:

Garotas estrangeiras me intrigam.

Pier é uma garota especial, eu a respeito. Ao contrário das mulheres em Hollywood, ela é sincera e autêntica. Consigo conversar com ela. Ela entende.

Ela tem uma alma bonita. A gente fica admirado. Beleza. Beleza estonteante em estado puro.

Ela é intocável. Somos membros de castas totalmente diferentes. Ela é o tipo de garota que se coloca numa prateleira, para admirar. De qualquer forma, a velha dela não vai muito com a minha cara. Não posso dizer que a culpe.

Eu não casaria com ela, a menos que pudesse tomar conta dela direito. E não acho que esteja emocionalmente estável para fazer isso no momento.

Pode-se dizer que não estou nem um pouco contente com o casamento dela (Pier) com Vic. Estive com Pat Hardy [amiga de Pier] algumas vezes, e diria que também ficou chateada. Ele falava com os pais e tudo o mais. Ela ficou surpresa quando Vic anunciou o noivado. Mas alguma coisa ocorreu. Acho que foi quando voltei a Nova York, depois de terminar as filmagens; a família e os amigos ficaram falando na orelha dela até que mudasse de opinião a meu respeito.

Não vou tentar fingir que não senti... estou bem com Pier agora. Ela me contou uma noite antes de anunciar o noivado, mas não disse o nome do sujeito. Fiquei chocado quando soube que era Vic Damone. Bem, talvez ela goste do jeito que ele canta. Espero que sejam felizes.

Em relação ao trabalho, sua posição era tão rebelde quanto a de seu personagem:

O filme é um estudo de dualidades... que é possível chegar à bondade por um sentido satânico em vez de puritano. Considerei um grande desafio revelar com honestidade coisas que faziam parte de mim tanto quanto do personagem. Detesto qualquer coisa que limite o progresso ou o crescimento.

Sou um diabrete sério e intenso, terrivelmente desajeitado e tão tenso que não entendo como as pessoas conseguem ficar na mesma sala que eu. Sei que eu não aguentaria a mim mesmo.

Vim para Holywood para representar, não para agradar à sociedade. O objetivo artístico sempre foi mal entendido.

Acho que eu deveria arranjar um agente de imprensa. Mas não me importo com o que as pessoas escrevem sobre mim. Vou dar entrevistas aos repórteres de que gosto; os outros podem publicar o que quiserem.

Talvez a publicidade seja importante, mas não consigo me relacionar com ela. Muitos caras já me explicaram como funciona. Os jornais dão uma boa força. Depois acontece alguma coisa, eles arrasam você. Quem precisa disso? O que interessa ao artista é o desempenho, não a publicidade. Caras que nem me conhecem já me rotularam de esquisito.

Dane-se Hollywood, dane-se Jack Warner. Dane-se o sistema. São fedidos os produtores, os intermediários e os homens do dinheiro lá do Leste! As estrelas, o culto à personalidade e o charme artificial fedem. O melhor que poderia ocorrer por aqui seria a porcaria de um terremoto, como aquele de São Francisco, para chacoalhar toda essa idiotice de gesso e massa até não sobrar nada.

Então talvez alguns de nós, sobreviventes, pudéssemos sair às ruas com câmeras leves e gravar a realidade nua da existência. Imagine os ratos, marmotas e cães selvagens correndo pelas ruínas e se alimentando dos corpos gordos dos executivos de estúdio que morreram de medo aos primeiros tremores.

É isso o que esses filhos da mãe estão fazendo o tempo inteiro, comendo uns aos outros, fazendo rituais de assassinato e torturas, amaldiçoando os inimigos e banindo os rostos que não se encaixam em sua concepção. Quando esses caras mandam um valentão ameaçar você, dizendo que a gente pode acordar no deserto ao largo de Las Vegas, enterrado na areia até o pescoço, com uma laranja enfiada na boca, eles não estão brincando. São assassinos, cara, assassinos. Devemos aceitar uma coisa dessas? Quando Los Angeles voltar ao deserto e os navajos conseguirem de volta suas terras, esse será o momento de fazer o maior épico de Hollywood. *E o vento levou* irá parecer um filme caseiro ao lado do meu filme: quando jogarem merda no ventilador.

James também desabafa em outra carta a Barbara Glenn:

Nas últimas duas semanas ando irritado e rejeitado. Fico dizendo a todo mundo que deem o fora, e não adianta. Nunca conseguiria explicar a eles que estou trabalhando em meu papel. A pobre Julie Harris não sabe o que fazer comigo. Bem, que ela vá para o diabo; ela não tem de fazer absolutamente nada comigo. Todos se tornam idiotas por aqui. Só tenho um amigo, um cara com quem eu posso conversar e ser entendido. Espero que Lennie apareça por aqui. Preciso de alguém de Nova York. Porque estou mau, e na verdade sou bom e gentil. As coisas se misturam o tempo todo. Vejo uma pessoa com a qual gostaria de ter intimidade (todos), depois acho que tudo vai ser o mesmo que antes, e elas não estão se importando comigo. Então digo algo indelicado, ou não digo nada e me afasto. A pessoa fica sem saber o que ocorreu. Não percebe que resolvi não gostar dela. O que está errado com as pessoas? Idiotas.

Numa rara concessão, James Dean permite que Frank Worth tire algumas fotos suas. Após as examinar, ele pede que uma delas não seja publicada, e justifica:

Faz-me parecer um garoto. Um garoto indefeso que acabou de martelar o dedo ou quebrar o melhor brinquedo, e quer sua mãe. Faz parecer que eu estava magoado e com vontade de chorar, não em voz alta, mas chorar para que alguém venha e me socorra. Não quero que as pessoas me vejam assim.

Pouco antes da estreia do filme, ele concede uma entrevista ao New York Times, *em que lhe perguntam se ele pertence ao palco ou à tela.*

No momento não considero a mim mesmo como pertencendo a nenhum dos dois. O cinema é um veículo verdadeiro, porque a câmera não deixa escapar nada. No palco, você pode até se distrair um pouco, se quiser. A técnica, por outro lado, é mais importante. Meu objetivo real, minha meta verdadeira é conseguir o que chamo de câmeras funcionando no palco.

Depois da estreia, as críticas foram muito favoráveis, embora algumas o comparassem a Brando com sete anos a menos. Ele responde:

As pessoas me diziam que eu me comportava como Brando, antes que eu soubesse quem era Brando. Não fico chateado com a comparação nem lisonjeado. Tenho minha própria rebelião pessoal, e não preciso me apoiar na de Brando.

Entretanto, sei que as pessoas lembram-se constantemente dele quando me veem. Descobrem semelhanças: ambos viemos de fazendas, vestimos o que queremos, andamos de motocicleta e trabalhamos para Elia Kazan. Como ator, não tenho desejo de me comportar como Brando... nem tento isso. Apesar de tudo, é difícil não ficar impressionado com essa comparação à imagem de um ator muito bem-sucedido. Mas a semelhança fica por aí. Sinto que em meu interior existe uma expressividade muito grande, e terei alguns anos para desenvolver meu próprio estilo.

A estreia de gala foi em Nova York, mas James Dean recusou-se a ir, como disse à sua agente Jane Deacy, por telefone:

Desculpe, mamãe, mas sabe que eu não consigo aguentar essas coisas. Não consigo lidar com isso. Portanto, estou voltando esta noite para a Costa (Oeste).

A Warner's ficou furiosa com ele, mas sua popularidade subiu com rapidez assustadora. Em pouco tempo aceitou, com reservas, o convite para fazer Juventude transviada, *respondendo ao diretor Nick Ray:*

Quero fazer seu filme, mas não deixe aqueles bastardos (Warner) ficarem sabendo disso.

Juventude transviada

O que me interessou em *Juventude* foi fazer alguma coisa que se opusesse ao *Selvagem*. Saí e andei no meio dos garotos de Los Angeles antes de fazer o filme. Alguns deles até mesmo se intitulavam "selvagens". Usavam blusões de couro e saíam procurando alguém que quisesse "engrossar" um pouco. Não eram garotos pobres, sabe? Muitos têm dinheiro e vão crescer e tornar-se esteios da comunidade! Cara, isso me assustou! Mas é um filme construtivo para os garotos que não saem procurando briga, porque podem identificar-se com ele.

Antes do início das filmagens, James volta a Indiana, a fim de rever os parentes, acompanhado do fotógrafo Dennis Stock. Certo dia, passando em frente da agência funerária de Fairmount, comentou:

Essa foi a firma que providenciou o funeral da minha mãe.

Essa obsessão acabou dando origem a uma fotografia polêmica, em que James Dean aparece deitado num caixão.

A coisa mais apavorante era que, com a tampa fechada, esmagava o nariz da gente.

O homem é atirado num mundo sem compaixão, no qual ele tenta atingir objetivos, que inevitavelmente acabam esbarrando na morte. Ele pode evitar o pensamento da dissolução que se aproxima, vivendo sua vida em termos de generalidades convencionais, mas não pode ser verdadeiro a si mesmo, vivendo com a certeza da morte inevitável... O homem é levado a sujeitar-se a um destino ao qual ele pode fechar os olhos, mas do qual não pode escapar.

Posso flertar com a morte e me sair bem.

Nessa época, ele adquiriu um Porsche novo, ao qual estendia sua confiança inabalável:

O negócio é que esse carro é à prova de falhas... Esses

James queria ser artista de qualquer maneira.
Até que descobriu o cinema...

Porsches novos são feitos como tanques. Têm o melhor motor e a melhor transmissão; são totalmente seguros.

Sua paixão pela velocidade levou-o a participar de cinco corridas, vencendo-as; fato que impressionou os repórteres, mas não os diretores da Warner.

Eles ficaram ao meu redor, mas nunca disseram: "Não vá". Todo mundo gosta de vencedores, e até agora estou ganhando.

Porém essa situação não durou muito, previsivelmente, pois a fama de James Dean como piloto irresponsável aumentou muito. A companhia cinematográfica proibiu as corridas.

"Uma hora de glória vale uma vida inteira sem nome." Alan Seeger, poeta. É essa a frase que quero em minha lápide, está percebendo? É o que quero escrito... diga a Jack Warner.

Correndo é o único momento em que me sinto inteiro.

Nas filmagens, ele parecia estar encontrando a si mesmo como ator.

Quando você sabe que está faltando alguma coisa no personagem e não sabe exatamente o que é, você precisa sair atrás disso. Andar na corda-bamba. Se estiver esticada o suficiente, deve conduzir a algum lugar.

Esse homem [Nick Ray] é um grande ser humano. Não é como alguns filhos da mãe que encontrei nesta cidade.

Para ser um bom ator, você precisa lembrar-se de duas coisas: concentração e imaginação ilimitada. Com elas, não existem limites para o que você pode fazer. Desenvolva-as e você se desenvolverá.

Os atores, em sua maior parte, usam uma máscara para não revelarem a si mesmos. Isso é fácil. É fácil mostrar qual personagem está passando, mas difícil de fazer.

Fez questão de realizar pessoalmente a cena da corrida no

despenhadeiro, recusando dublê. Recusou também um colchão colocado no chão para amaciar sua queda.

Tire, Limey. As pessoas vão dizer: "James Dean não consegue fazer suas cenas perigosas, precisa de um colchão...".

Um diretor deve ser um guia inteligente e competente para o ator. Quando um ator representa uma cena exatamente da forma como o diretor manda, não está representando. Está cumprindo ordens. Qualquer um com as qualificações físicas adequadas pode fazer isso. Portanto, essa é a tarefa do diretor. Apontar o caminho. Então o ator assume. E deve ter espaço e liberdade para expressar-se no papel. Sem esse espaço, o ator não é mais do que um robô que não pensa, com o peito cheio de controles.

Nos filmes não se pode enganar a câmera. Se eu estivesse no palco, provavelmente poderia fingir... mas não num filme. Os espectadores de cinema são muito críticos hoje em dia.

Certa oportunidade, James Dean soube que haviam colocado sua fotografia no escritório da Warner. Não ficou nada contente:

Vocês nunca mais coloquem minha maldita fotografia aqui! O que estão pensando? Que eu moro aqui ou algo parecido? Estão pensando que são meus donos? Ninguém me possui!

Sempre brigando com a imprensa, James cultivou, no entanto, algumas amizades. Uma delas foi Hedda Hopper, que inicialmente fora contundente, mas ficara arrebatada pelo primeiro filme.

Encarem isso como comportamento de proteção. Se eu for apenas eu mesmo, o único que vai sair magoado sou eu. Então sou bonzinho, educado, e um jovem cheio de respeito... que é do que Hedda gosta. Em vez de me criticar, ela fica do meu lado e me defende quando o pessoal da outra imprensa me chama de irresponsável e um rebelde imprestável.

"Ao volante me sinto uma estrela, mas com preocupações aterradoras. Por isso, devo todas as minhas vitórias à minha ansiedade."

Em maio de 1955, as filmagens terminaram.

Nunca um trabalho havia exigido tanto de mim. Pus tudo o que tinha ali, e estou contente com o resultado geral. Qualquer escritor, músico, pintor ou artista vai dizer, revendo o próprio trabalho, que pode ser melhorado, mas ao final você precisa admitir: "Muito bem, é isso. Está terminado. Acerta ou erra, assim como está". Agora encaro Natalie, Nick e Sal não como colegas, mas como amigos, quase os únicos que tenho nesta cidade, e espero trabalhar logo com eles outra vez.

Representar é maravilhoso, e tem retorno imediato e satisfatório, mas meus talentos gostariam de dirigir, e, depois disso, meu grande medo é escrever. Essa é a maior atividade. Mas não posso ainda fazer isso. Sou muito jovem e tolo. Preciso de mais idade. Tenho enorme respeito por escrever, e ao mesmo tempo tenho medo... mas algum dia...

Assim caminha a humanidade

Sobre sua cópia do roteiro, escreveu ao lado do personagem Jett Rink:

Sou eu, sou eu porque posso convencer a mim mesmo de que serei eu, eu mesmo.

A mudança é a natureza do gênio.

Um ator deve entender completamente o personagem ao qual está representando. Não existe melhor forma do que tentar ser aquela pessoa em casa, longe das câmeras. Desenvolvi um programa para entender Jett Rink e fazer as coisas da maneira que ele faria. Não quero nenhuma nota desagradável sobre minha representação. Jett foi uma vítima de sua posição na vida, e eu queria interpretá-lo com compaixão.

James Dean passou bastante tempo com Bob Hinckle, que o ajudou a melhorar seu sotaque texano.

Conseguiram um texano de verdade, para que eu pudesse falar com o sotaque certo. Preciso aprender a cavalgar e laçar, também.

Apesar do temperamento difícil, ele apreciava o fato de contracenar com grandes nomes e filmar ao ar livre. Sobre o método de filmagem usado pelo diretor, George Stevens, declara:

George Stevens, o maior deles... o sujeito nasceu com o cinema. Tão real, despretensioso. Você acaba conversando com ele, achando que ele não entendeu, e de repente... bang! Ele pegou tudo.

Eles aparecem no início do dia de filmagem sem nenhum planejamento. De alguma forma, conseguem progredir pela confusão. Stevens tem um método a que chamo "sem escala". Ele considera o filme inteiro e roda cada cena de todos os ângulos possíveis... de cima, de baixo, aqui, ali... quando acaba, contrata o melhor editor da cidade. Então passam um ano selecionando entre quilômetros e quilômetros de melhores cenas e melhores ângulos. Resolvem tudo como um imenso quebra-cabeças. E quando terminam... surpresa! Mais uma obra-prima. Como ele poderia errar?

James Dean constantemente desaparecia do cenário de filmagem, em exercícios para incorporar seu personagem. Em determinada manhã, não pôde ser encontrado em lugar nenhum. Quando voltou, foi repreendido, mas responde:

Já terminou? Bem, então deixe-me dizer uma coisa. Posso estar trabalhando numa fábrica, mas não sou uma máquina. Fiquei acordado toda a noite de sexta-feira para fazer essa cena. Preparei-me a noite inteira para essa cena. Cheguei pronto para trabalhar, e vocês me deixam esperando o dia inteiro? Não entendem que estou lidando com lembranças emocionais? Que estou trabalhando com meus sentidos... minha visão, o olfato, o toque? Para cada dia que me fazem esperar serão mais dois da próxima vez. Depois três, depois quatro. Vocês vão pagar. E não vão me impedir de trabalhar. Agora vamos voltar para o *set.*

Sobre um fotógrafo, que reclamou em razão de que, toda vez que se aproximava, James Dean colocava os óculos escuros.

Não quis ser mal-educado. É que estou com olheiras e não me barbeei.

Chegou a reclamar para Hedda Hopper.

Stevens tem sido horrível. Fiquei sentado lá por três dias, pronto para trabalhar às 9 da manhã todos os dias. Até as 18 horas ainda não tinha ensaiado ou filmado nenhuma cena. Fiquei sentado ali como um tronco ou uma pedra, assistindo àquele grandalhão do Rock Hudson fazendo amor com Liz Taylor. Eu sabia o que Stevens estava tentando fazer comigo.

Esse tipo de frustração é difícil de aguentar. Como lidar com um indivíduo, é nisso que se resume Hollywood. Se você é mediano, se canta de forma a incentivar que as mulheres cantem no banheiro, então você está dentro. Ou se você tem um rosto bem comum, tudo bem. Mas se você é bonito, ou está procurando o ser interior para representar, se você é muito diferente... então aparece uma frustração. O que eles precisam é de um boneco empalhado. Acho que isso é tudo o que Hollywood pode manejar.

Que diabo, sou muito melhor ator do que o que estamos filmando no momento. Estou sendo inibido, limitado, não estou sendo capaz de extrair o máximo de minhas possibilidades.

Não quero nem ao menos assistir ao filme. Não sou eu. Não é onde quero chegar. Stevens não está me ajudando a amadurecer o personagem de Jett Rink... não da forma que o personagem deve amadurecer e crescer para tornar-se o personagem necessário ao filme.

Stevens não é melhor do que os outros. Só que não erra. Sabia que ele roda maior quantidade de filme do que qualquer diretor da Warner Brothers?

O problema comigo é que estou exausto, todos me odeiam e acham que sou um empecilho. Dizem que o sucesso me subiu à cabeça, mas honestamente sou o mesmo que era quando não tinha um tostão. Entrei em *Assim caminha a humanidade* depois de um horário rígido para filmar *Juventude*. Talvez fosse melhor que eu me afastasse por uns tempos.

James Dean inicia um relacionamento com Ursula Andress, explosivo sob todos os aspectos.

Brigávamos como cão e gato. Não, pensando bem, como dois monstros. Mas conseguíamos nos divertir. Ursula não aguentava nada de mim, e eu não aguentava nada dela. Acho que ambos éramos muito egoístas.

Comentou, a respeito do pastor alemão que ela mantinha:
Seria mais fácil manter uma família.

Sobre casamento:

Seria bom voltar para casa e ter alguém que me entendesse e se importasse.

Sobre a agitação e a falsidade da vida em Hollywood:

Não sei quem sou eu, mas na verdade não importa.

Viver rápido, para morrer jovem.

Morte. É a única coisa que resta a respeitar. É a única verdade imutável e inegável. Todo o resto pode ser questionado. Mas a morte é a verdade. Nela está a única coisa nobre para um homem, e além dela, a única esperança.

A gente precisa viver rápido; a morte chega cedo.

As filmagens de Assim caminha a humanidade *terminaram em 22 de setembro de 1955, e ele despediu-se de George Stevens:*

Agora tudo terminou, e não precisamos mais ficar amolando um ao outro. E posso voltar para minhas corridas de carro.

Quero participar das provas de Salinas, Willow Springs, Palm Springs e todas as outras. Claro, vou perder algumas, porque tenho um especial de televisão em Nova York em 18 de outubro. Mas talvez eu possa correr por lá.

Explicou a John Gilmore, seu amigo:

O estúdio diz que vou acabar me matando, acredita numa coisa dessas? O que você acha? Acho ótimo fazer esse artigo na *Photoplay*, com uma fotografia minha sentado na máquina, que diz: "O estúdio diz que esse garoto vai se matar..."

Jane Deacy já se encontrava ativa em Nova York, estudando a proposta para um novo filme da Warner, sobre a vida de um boxeador, Rocky Graziano.

Que sujeito! Um dia quando ele estava num exercício, no Exército, ficou cansado e levantou... foi embora, colina

Dean e a atriz Pier Angeli: provavelmente seu único amor.

Com a atriz Ursula Andress: o rebelde troca o *jeans* pelo *smoking*.

acima. O Exército nunca o perdoou... A gente tem de admirar esse tipo de coragem.

Não quero me queimar... fiz três filmes nos últimos dois anos.

Se eu viver até 100 anos, não vai dar tempo de fazer tudo o que quero.

James começou a aprender escultura, praticar bongô e violino, e a melhorar seu conhecimento musical:

Escuto tudo, desde música dos séculos XII e XIII até os mais modernos... Schöenberg, Berg, Stravinsky. Também gosto do disco *Song For Young Lovers*, do Sinatra.

Se existe uma escolha, prefiro fazer as pessoas prenderem o fôlego a bocejarem. Qualquer figura pública se expõe como alvo, e esse é o risco que se assume. A maioria de nós tem mais de uma escolha, e escolhi ser o que sou realmente, em vez do caipira de Indiana... A despeito de "probabilidades impossíveis" ao longo do caminho, nunca me arrependi disso.

James Dean gostou do apelido little bastard *(bastardinho), e mandou pintá-lo na lateral do Porsche, ao lado de seu número de corrida, 130. Como queria preparar-se mentalmente para a corrida de Salinas e amaciar o motor novo, resolveu ir dirigindo para a Califórnia:*

Antes de chegar lá e dirigir, preciso me preparar. Preciso estar em forma para isso.

No dia 30 de setembro de 1955, James Dean partiu, com Rolf Weutherich no banco do passageiro, acompanhado de uma caminhonete com Sandford Roth e Bill Hickman. Às 15h30, foram parados por um policial rodoviário, e multados por excesso de velocidade. James respondeu ao guarda:

Não consigo andar direito com ele abaixo de 120 km por hora.

Uma hora mais tarde, encontram-se com Lance Reuson, um piloto amigo, e James Dean queixou-se da multa.

Acabei de fazer um filme sobre segurança nas estradas. Algum jornalista idiota vai adorar saber disso.

Depois de comprar um saco de maçãs, quis logo partir.

Sem escalas, até Paso Robles!

Às 17h30 o Porsche corria em direção ao cruzamento das estradas 466 e 41, e um automóvel, vindo em sentido contrário, começou a fazer uma curva para a esquerda, sem enxergar o carro esporte prateado que vinha do sul. James Dean não teve tempo de desviar. Comentou com seu companheiro:

Aquele cara precisa parar. Ele tem de ver a gente!

Fonte: JIMMY Dean on Jimmy Dean. Consultor Joseph Humphreys. London, Plexus, 1990.

Durante as gravações de *Juventude transviada*.

James Dean está morto

François Truffaut

No dia 30 de setembro de 1955, negligenciando os conselhos de prudência que os chefes do estúdio Warner Bros. lhe prodigalizavam, James Dean instalou-se ao volante de seu carro de corrida e encontrou uma morte acidental numa estrada do norte da Califórnia.

A notícia, divulgada em Paris no dia 31, não provocou grande emoção: um jovem ator de 24 anos morrera e pronto. Seis meses se passaram, dois filmes foram lançados, e aprendemos a avaliar toda a gravidade da perda.

James Dean fora descoberto havia dois anos, na Broadway, quando interpretava o papel do jovem árabe numa montagem de *O imoralista*, de André Gide. Depois disso, Elia Kazan o fazia estrear no cinema, confiando-lhe logo de saída o papel principal de *Vidas amargas* (*East of Eden*). Em seguida Nicholas Ray o escolheu para ser o herói de *Juventude transviada* (*Rebel Without a Cause*), e finalmente George Stevens contratou-o para o papel principal de *Assim caminha a humanidade* (*Giant*), o de um homem que assistimos envelhecer dos 20 aos 60 anos. Seu próximo papel deveria ser o do boxeador Rocky Graziano, em *Marcado pela sarjeta* (*Somebody Up There Likes Me*).

James Dean mostrou-se extremamente assíduo durante a filmagem de *Assim caminha a humanidade*, sem despregar os olhos de George Stevens e da câmera. Terminado o filme, ele disse a Dick Clayton, seu empresário: "Acho que posso ser melhor diretor que ator". Ele desejava fundar uma produtora independente para poder fazer apenas os filmes que escolhesse. Clayton prometeu falar com os diretores da Warner Bros. Posto isso, Dean, que não dirigira seu carro durante toda a filmagem por causa de uma cláusula contratual, foi a Salinas participar de uma corrida.

Acidente: "Acho que vou dar um giro no Spyder", disse James Dean a George Stevens; Spyder era o modelo do seu Porsche. Perto de Paso Robles, à noite, um carro que saía de uma estrada secundária entrou de lado no Spyder. James Dean morreu quando o conduziam ao hospital em razão de múltiplas fraturas e a contusões internas.

O destino de James Dean o fazia passar antes da hora pela saída dos artistas.

A interpretação de James Dean contradiz cinquenta anos de cinema; cada gesto, cada atitude, cada mímica é um soco na tradição psicológica. James Dean não valoriza o texto por meio de subentendidos, como Edwige Feuillère, não o poetiza, como Gérard Phillippe, não banca o mais esperto, como Pierre Fresnay; ao contrário dos atores que acabo de citar, ele não se preocupa em mostrar que está entendendo perfeitamente o que diz e melhor que você; ele interpreta "uma coisa diferente" da que pronuncia, interpreta "ao lado da cena", seu olhar não acompanha a conversa: "desloca" a expressão e a coisa expressa como, por sublime pudor, um grande espírito pronunciaria palavras fortes em um tom humilde para desculpar-se por ter gênio, para não importunar o outro.

Chaplin, em seus grandes momentos, chega ao auge do mimetismo; transforma-se em árvore, poste ou tapete carnívoro. A interpretação de James Dean é mais animal que humana, e é nisso que é imprevisível: qual será seu próximo gesto? James Dean, falando, pode começar a dar as costas à câmera e terminar a cena assim; pode atirar bruscamente a cabeça para trás ou rolar para a frente; pode erguer os braços para o céu ou lançá-los em direção à câmera, palmas para o céu para convencer, palmas para a terra para renunciar. Ele pode, numa mesma cena, ser um filho de Frankenstein, um esquilinho, um menino agachado ou um velhote alquebrado. Seu olhar de míope aumenta a sensação de deslocamento entre a interpretação e o texto: vaga fixidez, meio-sono hipnótico.

Quando se tem a oportunidade de escrever um papel para um ator dessa natureza, um ator que desempenha fisicamente, calmamente, em vez de filtrar tudo com o cérebro, a melhor maneira de fazer um bom trabalho é raciocinar abstratamente. Exemplo: James Dean é um gato, na verdade um felino, sem esquecer o esquilo. O que podem fazer um gato, um leão e um esquilo de mais distante da atividade ginástica do homem? O gato pode cair de muito alto sobre as quatro patas; pode passar ileso sob a roda de um carro; arqueia o dorso e parece desarticular-se facilmente. O leão rasteja e ruge, o esquilo pula de galho em galho. Só resta escrever para James Dean cenas em que ele rastejará (entre os feijões), rugirá (em uma delegacia), pulará de galho em galho, cairá de muito alto sem se machucar em uma piscina vazia. Gosto de pensar que foi assim que fizeram Elia Kazan, depois Nicholas Ray e, espero, George Stevens.

O poder de sedução de James Dean é de tal ordem que ele poderia matar o pai e a mãe na tela todas as noites com a bênção do público, de todo o público, do mais esnobe ao mais popular. Era preciso ter ouvido a indignação da plateia quando, em *Vidas amargas*, o pai se recusa a aceitar o dinheiro que Cal ganhara com os feijões, o salário do amor.

Mais que um ator, James Dean, em três filmes, tornou-se um personagem, como Carlitos: "Jimmy e os feijões, Jimmy e a feira, Jimmy na falésia, Jimmy na casa abandonada". Graças à sensibilidade de Elia Kazan e Nicholas Ray, e ao seu sentido de ator, James Dean interpretou no cinema um personagem próximo ao que realmente era: "um herói baudelairiano".

Quais as razões reais de seu sucesso? Junto ao público feminino elas são evidentes e dispensam comentários. Junto aos rapazes, elas se resumem, penso eu, no fenômeno da identificação que é a base da rentabilidade dos filmes em todos os países do mundo. É mais fácil identificar-se com James Dean que com Bogart, Cary Grant ou Marlon Brando, porque o personagem Dean é mais verdadeiro. Ao sair de um filme de Bogart, um espectador abaixará a aba do chapéu e não será hora de lhe pisar nos calos. Outro, ao deixar Cary Grant, bancará o palhaço na calçada; o que acaba de ver Marlon Brando lançará olhares por cima e ficará tentado a maltratar as moças do bairro. Com James Dean, a identificação é mais profunda e ao mesmo tempo mais total, pois nele, em seu personagem, está contida nossa própria ambiguidade, nossa dualidade e todas as fraquezas humanas.

Aí novamente é preciso voltar a Chaplin, ou melhor, a Carlitos. Carlitos sempre parte do mais baixo para chegar ao mais alto. Ele é fraco, caçoado, desprezado. Ele estraga suas roupas e aspira ao bem-estar corporal para logo se ver no chão, ridículo, diante da mulher a qual corteja ou do bruto que pretendia castigar. É aqui que intervém a esperteza que, para Dean, é apenas a graça recebida: Chaplin vai se vingar e triunfará. Repentinamente começa a dançar, a patinar, a reviravoltear melhor que ninguém e de súbito eclipsa todo mundo, triunfa, inverte os papéis e põe os risinhos em seu lugar.

O que era "inadaptação" transforma-se em "sobreadaptação"; o mundo inteiro — pessoas e coisas — estava contra ele e agora se põe a seu serviço, cegamente. Tudo isso também

"Quando falam sobre o sucesso, falam sobre chegar ao topo. Bem, não há topo. É preciso continuar sempre, nunca parar em ponto nenhum."

vale para Dean, considerando-se esta diferença fundamental: nunca se surpreende o menor medo em seu olhar. James Dean está "ao lado" de tudo, a essência de sua interpretação é de tal ordem que nela a coragem e a covardia não têm nenhum papel, assim como o medo ou o heroísmo. Trata-se de "outra coisa", de uma interpretação poética que permite todas as liberdades e até as encoraja. Interpretar corretamente ou interpretar falsamente, essas duas expressões perdem todo seu sentido quando se referem a Dean, porque dele sempre se espera uma surpresa; ele pode rir no momento em que outro ator choraria e vice-versa, porque ele matou a psicologia no exato dia em que subiu num palco.

Em James Dean tudo é graça e em todos os sentidos da palavra. O segredo está aí. Dean não faz melhor que outros, ele faz "outra coisa", que é contrário, e adorna-a com um prestígio que mantém até o fim do filme. Ninguém jamais viu James Dean andar: ele se arrasta ou corre como o cachorro do capataz (pensem no começo de *Vidas amargas*).

A juventude de hoje está toda ela contida em James Dean, menos pelas razões alegadas — violência, sadismo, frenesi, maldade, pessimismo e crueldade —, mas por outras, mais simples e cotidianas: pudor de sentimentos, eterna fantasia, pureza moral sem relação com a moral vigente, porém mais rigorosa, eterna predileção da adolescência pela prova, pela embriaguez, pelo orgulho, tristeza por sentir-se "fora" da sociedade, pela recusa e pelo desejo de integrar-se nela e, finalmente, pela aceitação — ou recusa — do mundo como ele é.

Não há dúvida de que a interpretação de James Dean, por sua modernidade, inaugura um novo estilo de interpretação em Hollywood, mas a perda é irreparável de um jovem ator, talvez o mais genialmente criativo do cinema e que, como bom primo de Dargeos que era, encontrou na estrada, em uma fresca noite de setembro de 1955, a morte do jovem norte-americano de *Enfants terribles* descrita por Cocteau em 1929: "o carro derrapava, esmagava-se, enfiava-se em uma árvore e transformava-se numa ruína de silêncio com uma única roda girando no ar, cada vez mais devagar, como uma roleta de loteria. (1956)

Fonte: TRUFFAUT, François. *Os filmes de minha vida*. Rio de Janeiro, Nova Fronteira, 1989.

“Aqui começa a tragédia”

Yves Salgues / Ernest Hemingway

(Este depoimento está no livro James Dean*, do jornalista, poeta e escritor francês Yves Salgues, publicado quinze meses após a morte de James Dean.*

A entrevista foi realizada poucos anos antes da morte de Hemingway.)

Em setembro de 1956, meu encontro com Hemingway (o último antes de sua morte) acendeu minha decisão e a precipitou. Expliquei esse fato em outra ocasião: eu gostava desse homem por inúmeras razões, em todo caso, por seus defeitos visíveis e suas qualidades menos à mostra; gostava dele como o escritor espetacular que era, pelo caloroso espetáculo que por si só animava. Eu estava esperando-o nos cais do Havre, no desembarcadouro do De Grasse. Ele me apresentou sua quarta esposa, Mary Welsh, ofereceu champanhe aos jornalistas diante do paxá e do fila — aos cuidados de Aldo, seu fiel motorista italiano — no monte Saint Michel, onde fui reencontrá-lo. Depois do enorme sucesso de *O velho e o mar* (que Wise estava rodando com Spencer Tracy), eu tinha diante de mim um Hemingway plenamente eufórico. Reticente com sua obra, chegando até a vaidade maníaca, ele me perguntou sobre Dutourd, seu último tradutor. Ao que respondi: a tradução francesa assinada por Dutourd de *O velho e o mar* estava perfeita; ele fez por você o que Gide fez por Conrad com *Tufão*: um trabalho de amor. Hemingway me exprimiu seu contentamento homérico, pegou-me pelos ombros e desde então foi de um humor maravilhoso durante todo o fim de semana. Eu já não temia mais trazer à baila o nome de James Dean. Hemingway, eu me dizia, é feito de aço temperado; Dean, de metal frágil. “Hem” podia achar que ele tinha um físico indeciso, e, numa reviravolta de humor, tratá-lo de "tia" como já fizera anteriormente com Radiguet e Desbordes, os protegidos de Cocteau. Nada disso. "Hem" me falou de Dean (o *boy*) com uma serenidade objetiva e grave. Transcrevo hoje seu texto oral integralmente; é como um prefácio generoso a essa edição aumentada:

O sucesso de James Dean não se deve à sua morte. O sucesso de James Dean não vem de sua vida ceifada enquanto corria. O sucesso de James Dean é um produto que nasce diretamente de sua carreira de ator. Na América, temos o hábito de dizer que o cinema fabrica filmes e *performances*. O *boy* Dean só filmou *performances* às quais sempre se entregou completamente.

Ele devia transpirar suor e sangue, o *boy* — penso eu —, para encarnar papéis. Nenhum artista de sua idade seria capaz de representar como ele. Ele é o porta-bandeira de uma nova geração de atores, ou melhor, de uma nova raça de atores. Antes dele, não se representava assim. Agora que está morto, não se representará mais assim. Os grandes artistas são inimitáveis. Quem conseguiu imitar Charles Laughton, William Powell, Lionel Barrymore ou Gary Cooper? Podemos parodiá-los, imitá-los, copiá-los, pegar os seus tiques, seus segredos aparentes, seus trejeitos. Podemos zombar e fazer rir deles. Mas ninguém — discípulo ou plagiador — será capaz de roubar sua personalidade por meio de seus personagens.

Ouvi Humphrey Bogart explicar a um artista debutante que um verdadeiro ator devia ter uma personalidade rica a ponto de poder interpretar todos os personagens do registro humano. Não tenho nenhuma estima política por Elia Kazan, mas reconheço que, ao limitar — segundo as afinidades de cada um — o registro de expressões de seus alunos, ele lhes deu personalidades aparentemente fortes confrontadas com personagens fortes.

O *boy* Dean, no filme adaptado de Steinbeck, manifesta uma tal competência no seu rico desempenho, que nós não pensamos um instante sequer que pouco tempo atrás ele estava ainda sentado nos bancos de um curso de arte dramática. Ele não me dá, um só segundo, a impressão de estar debutando. Isso foi uma coisa fantástica, e ele merecia ser parabenizado. Strassberg e Kazan basearam — creio eu — seu método de ensino de arte trágica na instrospecção, por conseguinte, numa análise de si para si mesmo. O artista aprendiz é isolado em suas inibições; ao fim de um tempo determinado pelos professores, ele sai de si e as "põe à mostra".

O *boy* Dean se exprimia por contrastes; aquela forma de dar o solo trágico nos pareceu — a nós, os velhos — extraordinariamente moderna e nova. Gary Cooper nos contou que no Actor's Studio exigiam que eles representassem com a cabeça. Ora, o *boy* Dean não tinha uma expressão dramática intelectual, mas, pelo contrário, uma representação extraordinariamente animal. Quando o fixamos de verdade, quando nos forçamos a olhá-lo para não perder nada enquanto representa, ele nos parece "ilimitável", tal a força com que o seu papel o leva para além de si mesmo. Ele saía da tela como se fosse descer e representar na sala, misturar-se com a plateia, com os espectadores.

Estou sofrendo, gritavam seus olhos. Sofram um pouco comigo. Dividam comigo minha dor, ela será mais tolerável. Eu me encarregarei da de vocês daqui a pouco. Dividamos o pão da dor juntos e assim será melhor para todos nós.

Aproveitei aqui uma parada de Hemingway para lhe citar a palavra célebre de Louis Jouvet: "No teatro, a gente representa; no cinema, a gente representou". Retomando sua verve, "Hem" replicou:

De jeito nenhum. O *boy* Dean, como a maior parte dos bons atores, estava saindo de uma escola de teatro. Quando você está num palco, 800 ou 1.200 pares de olhos nos olham, cada um é uma câmera. É mais difícil que estar diante de uma câmera colocada dentro de um estúdio com 50 pessoas. Marlene Dietrich (para ela cantar em público é um calvário) nunca conseguiu vencer no teatro. Acho, veja você, que o cinema é mais formal que o teatro. O *boy* Dean se impusera representando precisamente no cinema com a força nua que a experiência teatral dá aos atores. Ele representava direto, como no teatro, para milhões de espectadores que o viam depois. Mas o destino — nós presenciamos isso todo dia — destrói nossas considerações e nossas tagarelices. Para fazer a ligação entre a vida de ator de James Dean e sua morte de jovem herói, deveriam ter escrito na película, no final de *Assim caminha a humanidade*, a sentença de Nietzsche: "Aqui começa a tragédia".

Sobre o que veio depois da morte do boy, *Hemingway foi menos prolixo.*

Nada de um mártir. Por isso, por mais que sua auréola brilhe, não se trata de um santo. O prestígio conferido por sua morte resulta de seu momento: ela chega numa idade resplandescente. O *boy* Dean estava no auge de sua juventude e de seu prestígio. Não há muito o que dizer sobre esse culto que uma parte romântica e sensível da juventude norte-americana lhe consagra, à qual se junta um bom número de adolescentes imigrados. A razão de ser de um culto é a de conservar os mortos dentro de uma veneração profunda e contínua, tão durável quanto possível. É uma homenagem falada, cantada e florida à memória dos entes queridos que se foram. A homenagem mais tocante que prestarão a Ernest Hemingway, quando seu corpo for esquecido, será a de continuar lendo seus livros, sugerindo-os a outras pessoas, e contar suas façanhas na caça, na pesca, na guerra, com a bebida ou como um rude apaixonado. Quanto aos filmes de Dean, serão logo esquecidos. Vão decorá-los, se já não o fizeram. Minha mulher e eu sabemos que, de Idaho, onde

O adolescente inquieto e atormentado recria nas telas sua própria vida, com um talento enorme.

moramos, colegiais, operários, fazendeiros vão fretar ônibus para uma romaria a Indiana quando, penso eu, do primeiro aniversário de sua morte. Provavelmente outros partirão com essa tripulação de devotos da Virgínia, do Nevada, do Maine. Uma viagem-*-cult* é um luxo para os jovens. Com seu amor pela arte dramática e a paixão pelas corridas, o *boy* Dean propôs aos seus adoradores um eixo de vida que vale mais que muitos outros. Ele partiu deixando um rosto virgem; não tinha fama nem de bêbado nem de depravado. É um bom emblema para os Estados Unidos da América; e, de quebra, feito para exportação. Sim, o pequeno Dean é uma bela medalha para se pendurar no pecoço.

Tomei coragem para fazer a Hemingway a pergunta fatídica. Ele achava que uma biografia de James Dean venderia?

— Não. Na Europa, talvez. Lá nos Estados Unidos, certamente, não. O tema — pobre demais — já foi esgotado pelas revistas do país e pelas publicações das associações urbanas de adolescentes. Na idade em que esse garoto morreu — 24 anos — eu estava às voltas com uma obsessão criadora monstruosa: a guerra que eu acabava de fazer e de ganhar. As gerações que não pertenceram à guerra e que, consequentemente, não têm nada para provar, não têm nada para dizer. O *boy* James Dean só estava às voltas com a glória artística e os sonhos de batedor de recordes com sua máquina. Isso só não dá um livro.

James Dean e os julgamentos falsos

Osman Lins

Sentei-me no cinema para assistir a determinado filme e, quando surgiram os letreiros, tive a surpresa de ver que me enganara e o que estava passando era *Juventude transviada*, com James Dean. O filme, que é de 1955, não me entusiasmara quando eu o vira pela primeira vez, no lançamento. Mas, como eu já estava ali sentado, deixei-me ficar. Talvez valesse a pena examinar com olho crítico um dos grandes mitos atuais, o lendário rebelde da década de 1950 e que, diferentemente de Rodolfo Valentino, perdera a vida num desastre de automóvel, como para acentuar a sua ligação com a velocidade do século e o atordoamento dos novos tempos.

O título original, como devem lembrar-se, é *Rebel Without a Cause*, insinuando que as figuras centrais, certamente paradigmáticas, símbolos de um momento e uma geração, seriam rebeldes por amor à rebeldia, sem que uma causa determinasse a sua atitude. E aí começam os equívocos. O que, no filme, é apresentado como rebeldia e que só de longe alcança a sociedade, ficando em geral no âmbito familiar, tem sempre uma causa qualquer. O protagonista, encarnado por James Dean, vive irritado com os constantes desentendimentos na família e não se conforma com o que ele considera a covardia moral do pai em relação à esposa; o pai não é o caráter forte, leal e dominador que ele gostaria que fosse. Seu amigo, Platão*, vive sozinho em casa, na companhia de uma empregada que lhe serve de mãe; os pais são separados, e sua verdadeira mãe não liga para ele, vive sempre ausente, em viagens, não aparecendo nem sequer no aniversário do filho. A namorada de Dean ressente-se de problemas freudianos, demonstrando uma preferência pouco natural pelo pai, que

* Em inglês, Plato. (N. do E.)

não corresponde à sua ternura. O mais importante disso tudo, porém, é que não existe rebeldia nenhuma. Esse jovens, no fundo, são mansos, domésticos e respeitam os valores da geração que os precedeu (Platão, no seu armário da escola, tem uma fotografia de Allan Ladd).

Ao ser desafiado por um colega, líder de turma, para uma luta de faca, Dean opõe-se seguidamente, dizendo, até, que lutar com arma "é perigoso". Mais tarde, desafiado para a prova que se apresenta como um dos grandes momentos do filme (a corrida com automóveis sem freios, em direção a um abismo, devendo ficar dentro do carro, até o último instante e nunca saltar antes do rival, pois saltar antes caracteriza covardia), pergunta ao pai por que terá de estar sempre provando a sua coragem, numa clara confissão de uma vida pacífica, sem aventura nem rebeldia. Depois da prova, na qual o rival morre e ele sobrevive, apressa-se, por amor à verdade, em ir à polícia, relatar o ocorrido, o que caracteriza sem equívoco possível a sua inclinação pela lei e pela ordem. Quando Platão, armado de um revólver, esconde-se num planetário, ele o segue e, tal como em tantos filmes nos quais um policial de personalidade desarma o bandido à força de persuasão, convence-o a emprestar-lhe a arma, da qual, disfarçadamente retira as balas; só então a devolve. E, além disso, à exceção da cena inicial, quando aparece bêbado porque os pais o deixaram sozinho em casa na Páscoa, só toma leite. A rebeldia, coisa notável, manifesta-se no fato de nunca usar o copo, bebendo diretamente na garrafa.

Já a sua namorada (Natalie Wood) diz a certa altura que o rapaz não deve levar a sério o que ela diz "quando estiver com a turma". Conclusão óbvia: não é sincera, e, por extensão, os demais jovens também não devem ser. O que dizem e fazem é falso, sem raízes reais. Estão todos prontos a fazer acordo com o estabelecido e a entrar no jogo dos adultos.

Quanto a Platão, arca inicialmente com a acusação de haver baleado dois ou três cães. Depois exercitará a pontaria em alvos mais consistentes. Isso, porém, depois de ter sido agredido seguidamente por outros jovens — estes, por sua vez, assustados com a possibilidade de terem sido denunciados por Jimmy/James Dean. Fora isso, é um menino dócil, carente de afeto, fiel aos amigos e, ainda por cima, desinteressado de sexo.

Até aí, nada de anormal. É conhecido o controle exercido, por vários meios, sobre o cinema norte-americano, controle que só bem recentemente veio atenuar-se. Isso para não falar nos interesses comerciais dos produtores. Mas vale a pena refletir ao menos sobre dois aspectos que ultrapassam de muito o âmbito (aparente) das observações que acabo de fazer, mesmo porque, como se verá, não estou escrevendo sobre cinema. James Dean e o filme de Nicholas Ray são apenas o pretexto para chegarmos a problemas bem mais próximos de nós e da nossa vida diária.

A meu ver, as conexões há pouco referidas — e é claro que não as relacionamos todas — entre a mentalidade dos jovens de *Juventude transviada* e a mentalidade dos adultos não decorrem apenas de uma imposição da censura ou da indústria cultural. Tudo isso, decerto, deve ter concorrido para o resultado. Contudo, o fator mais importante, aí, a ser levado em consideração, é o seguinte: no filme, alguém, com preocupações e pontos de vista diversos das preocupações e pontos de vista diversos dos jovens, toma a palavra e fala em nome deles. E não é isso o que na maior parte das vezes ocorre? Longe de mim supor que um elemento de determinado grupo social não chegue, jamais, a compreender outro grupo. Seria acreditar que um homem não tem possibilidade de compreender outro homem de nível diferente. Mas há aí duas alternativas básicas. A primeira, desonesta, é a de encampação pura e simples, com o objetivo de neutralizar qualquer movimento de afirmação do grupo em situação de inferioridade. A segunda, honesta (e igualmente nociva) é a da adesão bem-intencionada, mas inepta, a adesão que, a rigor,

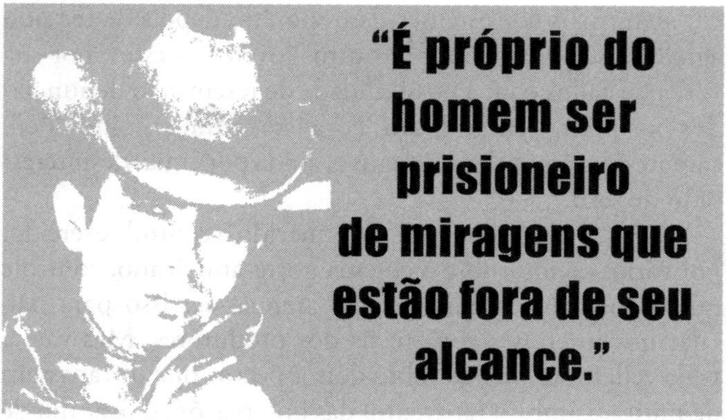

não implica compreensão. Todos os dias vemos exemplos dos dois casos. Todos os dias vemos pessoas e instituições dizendo-nos o que é o operário, o que ele ambiciona e o que lhe deve ser proporcionado; o que é o índio, o que ele ambiciona e o que lhe deve ser proporcionado; o que é o estudante, o que ele ambiciona e o que lhe deve ser proporcionado; e (o que também ocorre) o que é o povo brasileiro, o que ele ambiciona e o que lhe deve ser proporcionado. Em todos os casos, tal como em *Juventude transviada*, em que a psicologia dos adultos da geração anterior serve de molde para a psicologia dos jovens estudados, a psicologia de elementos instalados nos quadros da dominação vai servir de molde para delinear o perfil dos grupos que se pretende estudar. Qualquer leitor de José de Alencar, por exemplo, sabe como ele atribuía aos seus índios sentimentos e princípios próprios de um cavaleiro andante.

O segundo aspecto, igualmente importante, refere-se ao ilusório mito James Dean, que, no caso, seria o modelo de outros equívocos. James Dean não é apenas um mito juvenil, mas, acima de tudo, um mito de revolta, de incompatibilidade com as normas, de insatisfação, de luta. É assim que foi vendido, é assim que foi aceito e é em razão disso que, de certo modo, continua vivo. "James Dean foi o primeiro e o supremo herói da adolescência, encarnando fúria de viver e rebelião sem causa, frenesi e lassidão, aspiração à plenitude e fascinação pelo risco. Sua vida autenticando sua morte; sua morte autenticando sua vida, James Dean foi o Shelley da cultura de massa" — escreve Edgar Morin.

Já vimos o que sucede nesse *Rebel Without a Cause.* As tendências pacíficas do personagem central, que, no filme, acentuando a identificação, tem o mesmo nome do ator (Jimmy, Jamie), seu respeito pela lei, sua confiança na polícia, seu machismo comedido, o culto da lealdade e até sua monogamia instalam-no tranquilamente entre os senhores dessa mesma sociedade na qual nos é impingido como contestatário. O que o credencia, então como o "Shelley da cultura de massa?" Muito simples: quatro ou cinco indícios superficiais.

No filme a que nos referimos, e no qual, precisamente, a rebeldia da juventude aparece como tema, deita-se no sofá com as pernas no espaldar e a cabeça para baixo; a certa altura, chega a agredir o pai, mas porque este, que sempre pregara a verdade, opõe-se a que ele, James/James Dean, ponha-se sob o amparo da lei, indo à polícia e confessando a sua participação no acidente; na cena inicial, bêbado (pela única vez no filme), dá risadinhas e imita o barulho da sirena; quando o chefe de polícia o manda esmurrar a mesa, obedece, dando até pontapés no móvel, com o que, supõe-se, descarrega em parte a agressividade reprimida; está sempre olhando por baixo, e seu andar não é muito elegante, aliás, característico do ator. Com coisas desse tipo (e, claro, houve o acidente e a morte prematura), construiu-se, auxiliado pela publicidade, uma lenda imorredoura. Não devemos omitir que, no filme, ele dirige normalmente e nem sequer aparece cortando sinais de trânsito ou estacionando em lugares proibidos. Além disso, o filme tanto escamoteia o histórico como o transcende: não se pronuncia o nome de Deus, não aparece nenhum religioso, nenhuma igreja, não se sabe de que partidos políticos são os personagens, quem é o presidente dos EUA, não há nenhuma alusão de natureza política, e mesmo a bomba atômica — que, no entanto, era ainda recente — não é mencionada.

Ora, o exame da nossa realidade registra todos os dias a existência de pessoas que, como o "Shelley da cultura de massa", devem a sua reputação, não à substância da sua vida, não ao essencial do seu comportamento, e sim a indícios sem maior significado. Pessoas absolutamente desonestas e que, como agem sempre com sobriedade e discrição, passam por modelos de seriedade; outras, comprometidas até a alma com o estabelecido e que, como se declararam uma vez a favor, por exemplo, de uma distribuição de renda mais justa, passam a ser vistas definitivamente como "progressistas"; outras, ainda que representantes empedernidas e impertinentes da reação, possam, como não mataram nem esfolaram, ser mencionadas como baluartes da democracia.

A mitificação James Dean, portanto, não parece ser um caso isolado e apenas um fenômeno das comunicações de massa, mas um caso-limite, o exemplo mais eloquente e significativo de um fenômeno do nosso tempo, e que me parece uma espécie de enfermidade do discernimento: medir as pessoas por meia dúzia de traços superficiais, deixando de lado, como se não existissem todas as outras coordenadas da sua vida e da sua personalidade, as que realmente dão a sua medida.

Fonte: Lins, Osman. *Jornal do Brasil*, Caderno B, Rio de Janeiro, 9 abr. 1978.

O Dean que eu conheci

Sal Mineo
(narrado a Larry Thomas)

A primeira vez que encontrei James Dean foi no apartamento de Nick Ray. Nick era o diretor de *Juventude transviada*, e ele e Jimmy foram procurar um ator para o papel de Plato, o mais jovem do filme. Meu agente marcara um teste de leitura para mim.

Para dizer a verdade, não me lembro muito da primeira parte da sessão. Sei que tanto eu quanto Jimmy estávamos nervosos, e não nos demos muito bem, no início. Ele parecia natural, usando botas, camiseta e *jeans*. Na época, eu achava que me vestia muito bem... sabe como é, calças pregueadas, uma bela gravata, etc. Imagino que ele tenha me achado "quadrado".

Devíamos ler duas cenas do filme. A primeira era uma cena de gargalhadas histéricas, que mais tarde foi cortada do filme. A segunda era a cena final no planetário. Lemos as cenas, sem nada de especial. Não conseguimos nos satisfazer. Fiquei quase enjoado, porque queria muito aquele papel. Por fim, Nick caminhou pela sala, fechou o roteiro que eu tinha no colo, e sugeriu que sentássemos e conversássemos um pouco. Quando Jimmy descobriu que eu era do Bronx, começamos a falar sobre Nova York, depois sobre carros, e antes que percebêssemos, agíamos como velhos amigos.

Então voltamos aos roteiros, e fizemos outra leitura da cena. Dessa vez funcionou como um relógio. Quando atingimos a cena das gargalhadas, Jimmy começou com um riso especial que ele tinha. Não pude evitar, e logo nós três estávamos sacudindo as paredes com gargalhadas. Simplesmente não conseguíamos parar.

Depois disso, foi mais fácil. Fiquei com o papel, no que se referia a Nick e Jimmy. Ainda tive de fazer um teste para

James em sua casa com seu gato de estimação, Marcus.

o estúdio, com aquelas mesmas cenas, mas fui para casa, naquela noite, confiante em que tinha feito dois novos amigos e conseguido um papel, ao mesmo tempo.

Quando começaram as filmagens, nós nos divertimos. Jimmy era um companheiro maravilhoso. Quando estávamos ensaiando, ele mantinha a todos alerta. Completamente sem aviso, ele iniciava partes diferentes do texto e improvisava através das cenas.

Foi difícil no início, pois eu nunca trabalhara daquela forma antes, mas aprendi muito com ele. Nick Ray não se opunha aos improvisos de Jimmy fora do roteiro. Ele achava que se estivéssemos relaxados e fizéssemos o que nos parecesse mais natural, era assim que sairia no filme.

Jimmy trabalhou comigo e me ajudou em nossas cenas, quando ensaiávamos. Eu tinha uma sensação estranha, pois ele nunca olhava para mim durante esses ensaios. Ele podia estar olhando para um canto enquanto falava comigo. Era quase como se eu não estivesse ali. Mais tarde, acho que Jimmy planejava ser um diretor. Ele estava sempre tão ocupado inventando recursos de palco e ajudando outras pessoas a caracterizar um papel, que às vezes parecia perder contato com os arredores.

Tinha uma imaginação maravilhosa, e grande parte de seus improvisos funcionou bem no filme. Por exemplo, Jimmy gostou tanto de Jim Backus enquanto filmávamos *Juventude*, que um dia imitou-o no *set* de filmagem. Surpreendeu os técnicos e os atores, e Nick ficou tão impressionado que mandou escrever a cena para o roteiro.

A equipe gostava de Jimmy. Ele estava sempre dando uma de espertinho ou brincando com eles. Mas acho que gostavam dele principalmente por ter compreendido que era um grande talento. Um dia, ele entrou de motocicleta no estúdio. Mesmo isso não irritou o pessoal. Eles riram tanto que James andou em círculos por vários estúdios durante alguns minutos.

Quando estávamos fazendo as tomadas externas do filme,

Jimmy às vezes me pedia para ir com ele na limusine do estúdio. As cenas na mansão deserta foram rodadas na mesma casa utilizada para o filme *Sunset Boulevard.* Ironicamente, ela fica em Wilshire Boulevard, em Crenshaw, e não em Sunset. Um par de zeladores vive lá agora, mas, fora isso, tudo está deserto e em mau estado de conservação. O estúdio não precisou fazer muita coisa para que parecesse tenebrosa e assustadora, como no filme. Jimmy e eu costumávamos rir e brincar sobre como teria sido morar ali nos velhos dias, quando as pessoas podiam permitir-se manter um lugar daquele tamanho. Nos dias em que ele trazia o próprio carro, Jimmy me levava para casa em seu novo Porsche, quando acabávamos de filmar. Ele era maluco por aquele carro.

A despeito de tudo isso, não posso dizer que tenha conhecido bem Jimmy Dean. Na verdade, só trabalhei com ele, em *Juventude*, por oito semanas. Embora ambos tenhamos trabalhado em *Assim caminha a humanidade*, nenhuma de nossas cenas foi rodada simultaneamente, portanto não nos encontramos durante a filmagem.

Havia também uma certa diferença de idade, e além da carreira cinematográfica, não estávamos interessados nas mesmas coisas.

Porém, isso não impediu que eu gostasse de Jimmy. Ao contrário de todos os boatos, não era difícil trabalhar com ele. Ele era apenas um ator consciente, que estava determinado a tornar-se um indivíduo. Não havia nada de estranho ou incomum a respeito dele. Talvez alguns desses boatos tenham começado porque Jimmy sempre dizia que respeitava mais os atores do que os produtores... sabe como é, a parte financeira da coisa. A esse respeito, exageravam muito. Porém ele tinha uma atitude perfeitamente razoável em relação ao trabalho. Você só tinha de saber como explicar as coisas para ele. Lembro-me de uma época em que o estúdio pediu que nós dois fizéssemos uma gravação para a rádio local que promovia o filme. Jimmy recusou-se a fazer aquilo, até que um amigo lhe contou que o engenheiro de som estivera esperando por uma hora e meia até que ele ficasse livre. Teria sido uma entrevista de apenas dez minutos, mas quando Jimmy descobriu qual era a situação, passou quarenta minutos em frente ao gravador.

Durante as filmagens de *Juventude*, eu me tornei um amigo íntimo de nossa estrela, Natalie Wood. Depois que ela conheceu Jimmy, ele tornou-se o único assunto. Todas as noites por várias semanas, ela ia assistir a *Vidas amargas*... ela deve ter visto pelo menos umas 50 vezes o filme. Até me ensinou a tocar o tema do filme ao piano.

Alguns meses depois de terminarmos o filme, Natalie foi para o Leste gravar um *show* de televisão, *Heidi*, com Jo Van Fleet. Pouco tempo depois, voltei para minha casa, no Bronx; portanto me encontrei bastante com Natalie e Nick Adams, que viera para Nova York com ela.

Numa noite, Natalie, Nick e eu fomos visitar Dick Davalos, coadjuvante de Jimmy em *Vidas amargas*, que estava trabalhando numa peça da Broadway chamada *A View From the Bridge*. Depois do espetáculo, saímos com Dick e a esposa dele para tomar café. Acho que ficamos horas ali, tomando café e conversando.

Acabamos chegando ao nosso assunto favorito: aquele maluco do James Dean. Todos o conhecíamos e respeitávamos, e ficamos trocando sentimentos sobre o cara, a vida dele, os passatempos, e o gosto pelas atividades perigosas. Chegamos à conclusão de que, no decorrer do ano seguinte, Jimmy iria ferir-se de alguma forma, provavelmente num desastre nas corridas.

Nenhum de nós sabia que, no exato instante em que discutíamos, Jimmy estava morto havia algumas horas, no desastre que ocorrera no final da tarde.

Meu agente me telefonou no dia seguinte de manhã cedo. Eu estava cansado por causa do programa da noite anterior, e ele disse: "O que você achou de Jimmy?" Ainda tonto de sono, respondi: "Acho que ele é um cara legal para se trabalhar, e um ator talentoso. Por quê?" Ele disse: "Estou perguntando o que achou da morte dele". Fiquei tão chocado que acabei desligando. Então meu pai me deu os jornais de Nova York com uma nota curta sobre o acidente. Eu não conseguia acreditar.

A primeira coisa que me veio à mente foi como Nick Ray aceitaria a notícia. Depois, lembrei-me de que Nick estava na Europa e provavelmente ainda nem sabia.

Então telefonei para Natalie, no hotel dela. Antes que eu conseguisse falar com ela, seu agente me disse que ela não sabia, e que haviam decidido não contar nada até depois do *show* na televisão, naquela noite.

Prometi que não iria mencionar o assunto, e conversei com Natalie, tentando ser casual. Ela parecia animada com a apresentação noturna. Embora ela não soubesse, Jo Van Fleet lera a notícia naquela manhã. Não mencionou o assunto, e o *show* foi realizado conforme o programado. Quando Natalie finalmente soube da morte de Jimmy, entrou em choque por vários dias.

Meses depois, já na Califórnia, parei uma tarde no apartamento de Ray. Ele estava ao telefone quando cheguei, e gesticulou para que eu entrasse.

"Quer falar com o pai de Jimmy?", perguntou ele, estendendo-me o telefone. Fiquei sem palavras. Devo ter dito algo sobre como eu sentia, e quanto eu respeitava Jimmy como ator, e o quanto gostara de trabalhar com ele em *Juventude.*

O pai dele respondeu: "Todos parecem ter gostado muito dele em *Vidas amargas* e *Juventude*". Eu me despedi e devolvi o telefone a Nick. Foi apenas isso o que se passou, mas provocou alguma coisa em mim. Não consegui dormir naquela noite, pensando em Jimmy Dean.

Sabe, Jimmy era uma pessoa especial para cada um que o conhecia.

Por isso fico aborrecido com tantas coisas falsas sobre a morte dele. Tantos vieram até mim para dizer que conheceram o verdadeiro James Dean. Não concordo com eles. Continuam falando dele como se ainda estivesse vivo. Chamam-no de esquisito, de rebelde, de introvertido e difícil, e de "um cara maravilhoso". Ele era muito mais do que isso para os amigos.

Recebi um bocado de correspondência em que me perguntavam como foi trabalhar com Jimmy, como ele era de verdade, perguntas assim. Em algumas cartas cheguei a ler que ele não estava morto, mas que ficou horrivelmente desfigurado pelo acidente e foi internado em um sanatório; em outras que ele está vivo e se esconde do público, já que não foram mostradas fotografias do corpo.

Essas coisas não são verdadeiras. Jimmy Dean está morto. Mas sua lembrança, não.

Pessoalmente, prefiro lembrar o Jimmy que encontrei pouco antes do acidente. Ele estava ao lado de fora de seu camarim, na Warner, observando a colocação de um cartaz que ganhara de presente na locação de *Assim caminha a humanidade*. Era uma placa comum de rua. Num dos lados estava escrito "Texas", em letras negras; do outro lia-se: Dean.

Pelo sorriso no rosto de Jimmy no instante em que o serviço ficou pronto, aquele cartaz devia simbolizar algum tipo de conquista.

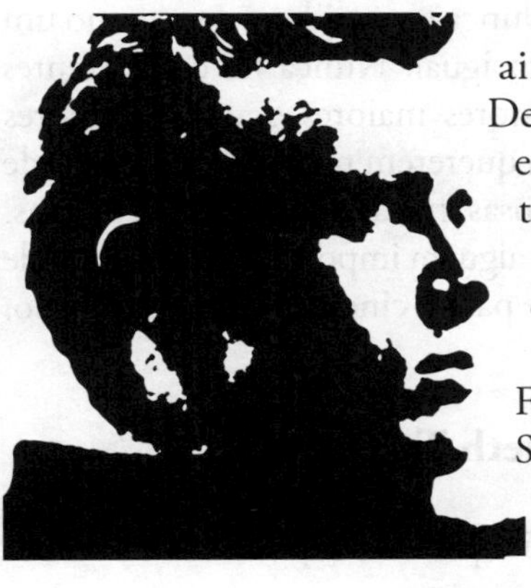

Para mim, é mais simples ainda. Simbolizava James Dean, um sujeito cujo coração era tão grande quanto o estado do Texas.

Esse foi o James Dean que eu conheci.

Fonte: The Real James Dean Stoory. Neu York, Fawcett, v. 1, n. 1, 1956.

"A maior parte dos atores usa uma máscara para não revelar a si mesmos. Isso é fácil. É fácil mostrar qual personagem está passando, mas difícil de fazer."

Falam artistas, diretores e críticos

Marlon Brando

Ele era ele. Eu era eu. Nunca o considerei nem como um concorrente nem como um igual. Nunca há concorrentes nesse nosso trabalho; há atores maiores e atores menores (nunca iguais). Foi ridículo quererem nos opor; isso só pode ter partido de pessoas invejosas, fracassadas ou desocupadas. Se James Dean surgiu como alguém importante foi porque ele era importante. Importante para o cinema norte-americano.

Elizabeth Taylor

Não precisava muita coisa para ele se pôr a falar de tudo.

Era tão brilhante e tão cheio de energia, que eu tinha a impressão de que ele ia explodir. Fazia-me pensar num autodidata superdotado que tivesse aprendido tudo sem ter ido à escola, e cuja inteligência vinha de sua relação constante com a terra, as árvores, o vento, os animais. Gostava de blefar com as pessoas; fazia parte de seu trabalho de artista pregar pequenas peças.

Seu humor era mercurial; seu temperamento, um enigma. Sem nenhuma transição, ele passava constantemente da depressão à cólera. Depois, às vezes, vinha uma grande e profunda tristeza. Aí era inútil tentar compreendê-lo ou prestarlhe socorro. Era perda de tempo, Jimmy ficava inacessível. Se ele dominava bem os seus papéis, nem sempre dominava sua relação com as pessoas. Assim que nos conhecemos, ele demonstrou desejo de ficarmos amigos: digo, amigos fora do trabalho. Ele precisava de minha amizade, eu lha ofereci. Algumas vezes me dava uma pequena cutucada nos quadris e caía na risada. Ficava maravilhosamente à vontade com as crianças. Durante as filmagens de *Assim caminha a humanidade,* uma garotinha vinha regularmente aos estúdios e ficava cantando à sua volta: "Jimmy Dean, Jimmy Dean! irmãozinho dos passarinhos. Jimmy Dean, Jimmy Dean! quando chove faz bom tempo, graças a ti, Jimmy Dean".

Nicholas Ray

Havia nele tantos demônios para expulsar! Mas nem sempre seus espantalhos eram eficientes: os demônios se recusavam a sair.

Gary Cooper

James Dean desencadeia um complexo maternal em

O descanso solitário do *cowboy* de *Assim caminha a humanidade*.

todas as mulheres jovens. Seus papéis de adolescente angustiado, ameaçado, cercado por todas as espécies de demônios interiores, levam a juventude de hoje a se identificar com ele.

Carrol Baker

Seu método era especial. Para cair fora da realidade e entrar na pele de seu personagem, precisava de uma boa hora de silêncio e reflexão. Resumindo, talvez fosse por isso que ele era um ator fora do comum.

Rock Hudson

Antes de entrar em cena, ele se preparava como um lutador para uma luta. Nunca se punha diante da câmera sem antes ter dado grandes saltos no ar ou corrido a grande velocidade em volta do estúdio, soltando gritos de ave de rapina. Precisava estar bem cansado para trabalhar melhor.

Ursula Andress

Ele era imprevisível e sempre chegava à minha casa com duas horas de atraso. Entrava resfolegando igual a um animal selvagem, a cabeça baixa, cheirando agressivamente a couro molhado. Depois, mesmo sem abandonar seus modos anticonvencionais, ficava encantador. Penteava-se e adquiria ares decentes. Mas por que demônios ele sempre estava atrasado?

Dez dias antes do acidente, eu o fiz jurar dirigir com menos velocidade. Com efeito, ele me prometeu fazê-lo menos loucamente. Mas esqueceu sua promessa. Jimmy, inconscientemente, procurava se destruir. Ele desconcertava as mulheres. Era muito ele mesmo, para não as decepcionar.

Katy Jurado

Muitos homens do meu país, o México, não conseguem deixar de fazer provocações à morte: viram então toureiros. Jimmy tinha compreendido que as touradas não eram um esporte para artistas frágeis, mas uma arte perigosa e sangrenta. Ele era um toureiro à sua maneira: desafiava a morte nas estradas. "Corro mais rápido que o fogo, mais rápido que o vento, mais rápido que o sangue em minhas veias", dizia ele. "Mais rápido que a seiva na árvore, mais rápido que as águas do Mississippi."

Edna Ferber

(autora de *Assim caminha a humanidade*, *A intrigante de Saratoga, Show Boat* e *Stage Door*)

James Dean era um gênio. Não conheço um só ator que pudesse ter feito Jett Rink com tanta inspiração e maestria. Jimmy tinha uma cabeça épica e, embora negasse veementemente, estava intoxicado pelo veneno do sucesso. Em 30 de setembro lhe escrevi uma longa carta suplicando que ele não voltasse àquelas malditas corridas. Infelizmente ele não a recebeu.

George Stevens

Um anos antes de resolver filmar *Assim caminha a humanidade*, eu o vira na televisão e anotara seu nome na minha caderneta. Só uma vez antes eu havia feito isso: foi com o nome de Montgomery Clift. Um dia passei para Jimmy o roteiro de *Assim caminha a humanidade*, e no dia seguinte ele me devolveu e disse, balançando a cabeça: "Jett Rink sou eu!"

O que você quer saber mais? As camisas dele não eram engomadas, e certa manhã ele chegou aos estúdios descalço. Sim, descalço, sem meias e sem sapatos. Perdemos um dos grandes artistas de nosso tempo.

Natalie Wood

Ele entrou em minha vida por uma janela, berrando versos de John Donne. Saiu fazendo um ruído de motor. Ele é aquele que nunca esquecerei. Se há uma vida na morte, eu me lembrarei dele nessa segunda vida.

Ele tinha certeza de que seria famoso,
embora não soubesse quando.

Giant é uma epopéia do petróleo no Texas

Já não é mais unânime o conceito de que *Assim caminha a humanidade* (*Giant*) foi o mais fraco dos três filmes que ajudaram a transformar James Dean (1931 — 1955) num dos maiores mitos do cinema. Sem dúvida, nos outros dois — *Vidas amargas* (*East of Eden*, 1955), de Elia Kazan, e *Juventude transviada* (*Rebel Without a Cause*, 1955), de Nicholas Ray — ele teve papel de maior destaque e maior charme, mas só os aficionados incondicionais de Nicholas Ray continuam achando que *Juventude transviada* não envelheceu. Enquanto o emblemático drama juvenil de Ray acumulava rugas, *Giant* floresceu como um lírio no lodo em que a crítica o enterrou. Uma das primeiras pessoas a perceber isso foi Glauber Rocha.

Épico até mesmo na duração (201 minutos), *Giant*, que a Breno Rossi acaba de lançar em cassete duplo, está para o Texas e as transformações provocadas pela descoberta de um mar de petróleo sob as patas de suas vacas assim como *...E o vento levou* está para a Geórgia e a Guerra de Secessão. Mais longa que a saga de Scarlett O'Hara, a dos Benedict começa em 1923, quando Bick Benedict (Rock Hudson) deixa a irmã, Luz (Mercedes McCambridge), tomando conta do latifúndio texano da família, para ir a Maryland comprar um cavalo, e só termina três décadas depois. Além do cavalo, Bick traz sua dona, Leslie (Elizabeth Taylor), uma jovem liberal do leste, que lhe dá algumas dores de cabeça, muito amor e três filhos. Ao longo desse período, uns morrem, outros enriquecem, a pecuária é engolida pelo petróleo, Bick baixa sua crista de machão preconceituoso, e Leslie impõe dentro de casa os valores que trouxe do Leste, e a evolução dos fatos e costumes termina por consolidar.

Há trinta anos, *Giant* pareceu longo demais, esteticamente convencional e com o terço final beirando o patético, sobretudo por causa do envelhecimento artificial a que seus protagonistas foram submetidos. Nem o mais leniente revisionismo é capaz de indultar a pífia maquiagem dos atores, mas certas passagens, muito pichadas na época, deram a volta por cima. A vulgaridade da cena em que Rock Hudson toma as dores de uma família de *chicanos*, trocando sopapos com um dono de lanchonete racista, salva-se, aos olhos de hoje, pelo viés da paródia. A lanchonete é o *saloon* do Texas novo-rico, vulgar ao extremo. George Stevens (1904-1975) revela-se sutil até quando, aparentemente, está sendo grosseiro.

O que já era indiscutivelmente bonito há trinta anos, nem o acanhamento do vídeo amesquinha: a primeira tomada de Bick Benedict (Rock Hudson) na janela do trem que o traz até Maryland; o uso do espaço cênico no Texas; a morte de Luz e a volta do cavalo, sozinho e manco, à mansão dos Benedict; Jett Rink (James Dean) medindo com os pés o pedaço de terra que Luz lhe deixou de herança; a primeira ejaculação petrolífera no minifúndio de Jett; a chegada do caixão trazendo Sal Mineo da guerra.

O que de menos perceptível foi revelado por sucessivas visões também sobrevive bem na tela pequena. Há trinta anos, nenhum crítico sequer notou a significativa mancha de pe-

"Correndo é o único momento em que me sinto inteiro."

tróleo que a mão de Jett, a ovelha negra de Reata, deixa na pilastra imaculadamente branca da mansão dos Benedict, no dia em que vai jogar na cara de Bick que acaba de descobrir petróleo em suas terras. *Giant*, acredite, é um primor de *understatement*.

Uma de suas cenas capitais é aquela em que Bick vê Leslie pela primeira vez. Ela está montando War Winds, o cavalo que Bick veio comprar, e o ambíguo comentário que ele faz ("Trata-se, sem dúvida, de um belo animal") é a dica inicial de que nem tudo que doravante será dito ou mostrado pela câmera terá apenas um sentido. War Winds, por exemplo, é um *ersatz* de Leslie. Trabalhando meticulosamente em cima de duplicidades, desdobramentos, contrastes e contrapontos (inclusive visuais), Stevens arma um drama familiar que é, ao mesmo tempo, um drama muito mais amplo. O principal gigante de *Giant* não é Bick nem o Texas, mas a América.

James Dean provoca orgasmos na platéia

Aquele "oh" prolongado que os frequentadores de touradas costumam dar a cada olé do toureiro — pois bem, a única vez que eu ouvi um "oh" daqueles num cinema foi em 1958, na primeira sessão pública que *Assim caminha a humanidade* teve no Brasil. *Giant* era uma das pré-estreias da grande retrospectiva do cinema norte-americano, organizada pela Cinemateca do Museu de Arte Moderna do Rio de Janeiro, e no velho e grande cinema São Luiz quase não couberam todos os interessados em ver o canto do cisne de James Dean.

Tão intensa havia sido, entre nós, a promoção dos três filmes do ator, inclusive sob a forma de fotonovelas, que a maioria dos presentes já sabia que ele demoraria um bom tempo para entrar em cena. Mas, ainda assim, a plateia se manteve visivelmente indócil durante toda a primeira parte do filme. Quando, enfim, ele apareceu, encostado num cabriolé, dezenas de espectadores não se contiveram e extravasaram, em uníssono, um orgástico "oh". Por muitos anos guardei a impressão de que James Dean só dava o ar de sua felina graça depois de uma hora de filme. Só agora, ao revê-lo pela quarta vez, dei--me ao trabalho de cronometrar a demora. Errei. Dean demora exatamente vinte e um minutos para entrar em cena. A emoção tem ponteiros que os outros relógios desconhecem.

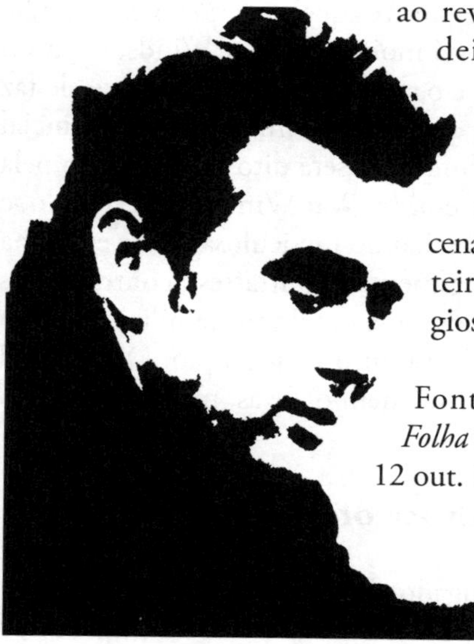

Fonte: AUGUSTO, Sergio. *Folha de S. Paulo*, São Paulo, 12 out. 1989.

Jimmy Dean — o garotinho perdido

José Guilherme Correia

Ele fez apenas três filmes — *Vidas amargas, Juventude transviada, Assim caminha a humanidade* — mas tornou-se um dos mais fortes símbolos sexuais do século após a morte trágica, aos 24 anos.

Quem foi James Byron Dean? Uma nova biografia *best seller*, extraída de entrevistas com amigos e colegas de Dean, escrita por Joe Hyams e intitulada *James Dean: Little Boy Lost* (*Garotinho perdido*), acompanha essa fascinante personalidade desde a sua infância rural em Fairmount, estado de Indiana, até a iniciação nos teatros da Broadway e a meteórica escalada estelar final em Hollywood. O livro explica como a comunidade hollywoodiana do pós-guerra estava perfeitamente amadurecida para uma ascensão tão explosiva, uma presença tão dinâmica quanto a de Jimmy Dean. Revela detalhes inéditos sobre seus numerosos casos amorosos, aprofundando inclusive o que se sabia sobre a sua suposta bissexualidade.

Fairmount contava, na década de 1930, não mais do que 2,6 mil habitantes. Até o único cinema que ali existiu havia sido fechado porque o povo, na maioria quacres, não tolerava aquele símbolo de decadência.

Os primeiros Deans a se radicarem chegaram a Fairmount em 1815, vindos do Kentucky. Eram na maioria fazendeiros. Mas o avô de Jimmy, Cal Dean, beberrão feroz até converter-se à religião, trabalhava como leiloeiro. Se não eram pobres, nenhum dos Deans era rico.

Os pais, Mildred e Winton, fizeram de Jimmy, desde cedo, o centro de sua vida. Sobretudo a mãe, que o amamentou até os oito meses no próprio peito e, a partir daí, de mamadeira. Sua dedicação foi absoluta. Ela ensinou-o a desenhar, a ler clássicos, a ler poemas em voz alta, a jogar jogos. Foi graças às economias maternas que ele pôde, mais tarde, ter aulas de violino e de sapateado. As fotos daquela época mostram uma família feliz. Mas James foi, certamente, uma criança supermimada. Uma vez alfabetizado, seu brinquedo predileto com a mãe era o que eles apelidaram de *wishing game*, o jogo dos desejos: antes de ir deitar-se, toda noite ele escrevia um desejo num pedaço de papel, que colocava embaixo do próprio travesseiro. Mildred, quando ele já estava dormindo, lia o desejo e, sempre que possível, satisfazia-o no dia seguinte.

Jimmy tinha 9 anos quando a mãe começou a sentir dores terríveis no estômago, e o exame de raios X revelou um câncer em estado avançado. O pai, homem de temperamento taciturno, pouco dado a transbordamentos emocionais, contou-lhe que ela não estaria com eles por mais muito tempo, mas o menino não disse nada; ficou apenas olhando, perplexo, para Winton, que comentaria mais tarde: "Jimmy jamais gostou de falar sobre coisas muito íntimas, nem se abrir quando estivesse sofrendo". E durante duas semanas o garoto foi dormir guardando um cacho de cabelos da mãe sob o travesseiro. Mas o *wishing game* havia acabado para sempre.

O relacionamento mais marcante, em seu período seguinte de vida, foi com um certo dr. James De Weerd. Jimmy era fascinado por esse seu professor, pastor protestante, que durante a Segunda Guerra servira como capelão de infantaria em Cassino, na Itália, e regressara não só com duas das mais altas condecorações militares por bravura em ação, mas também com um buraco no estômago e com o peito cheio de cicatrizes causadas por ferimentos de estilhaços. Aos olhos de Jimmy, De Weerd representava tudo o que faltava ali no pequeno mundo de Fairmount. De Weerd era bem apessoado e de olhos azuis. Sua conversa, liberal e recheada de homilias espirituais. Mas Jimmy logo lhe descobriu a face oculta: durante um passeio pela cidade, no seu atraente automóvel conversível, De Weerd decidiu sair da estrada principal e estacionar debaixo de uma árvore.

"O homossexualismo foi o primeiro degrau para a fama"

Ele raramente havia falado de suas experiências na guerra. Mas, na ocasião, contou a Dean como se ferira no estômago, e convidou o rapaz a encostar a mão no ferimento, que era muito profundo. Este foi o primeiro contato entre James Dean e a malícia homossexual. É provável que, por causa do relacionamento, ele tenha duvidado da própria masculinidade. E, talvez para pôr de lado qualquer dúvida e para certificar-se do contrário, tenha iniciado imediatamente um caso amoroso com uma jovem professora de ginástica da localidade (Elizabeth McPherson). Mas haveria também, mais tarde, um relacionamento com Rogers Brackett, publicitário de 35 anos, descrito por Joe Hyams como "o Noel Coward da Costa Oeste", por causa de seu *flair* pelas conversas sociais cheias de verve, à Jean Cocteau, à Van Jafa. Brackett era um homossexual. Ele ofereceu a James um lugar para morar, e o então aspirante a astro mudou-se imediatamente: foi morar com Rogers Brackett. Jimmy com certeza não era mais um inocente. E Brackett tinha excelentes contatos em Hollywood, tanto homossexuais como heterossexuais, que poderiam ajudá-lo muito na carreira. Os resultados não tardaram. Brackett era amigo do diretor Samuel Fuller, e Dean ganhou uma ponta em *Baionetas caladas*, em que a sua fala não passava de: É um guarda que está voltando!

Mas até essa frase pequena acabou cortada do filme, embora a cena com James Dean tenha permanecido. Brackett conseguiu-lhe a seguir um trabalho de extra em *Trouble Along the Way*, e outro papel pequeno em *Sinfonia prateada*.

Um dos casos — ou melhor, transas — fugazes do astro foi com Barbara Hutton, a herdeira de uma fortuna representada pela rede de lojas Woolworth. Dean conheceu a multimilionária por intermédio do filho dela, Lance Reventlow, também piloto e fanático por carros de competição. A sua frase de efeito, ao ser apresentado à mãe do amigo:

— Pois é, a senhora que fica um pouquinho mais rica toda vez que a caixa registradora do Woolworth tilinta!

O *affair* constou do próprio diário da herdeira. "Era tarde, ele estava bêbado, e eu também, portanto disse-lhe que ficasse comigo em casa. Ele tirou a camisa, as calças e deitou-se; eu me acomodei perto dele. Fizemos amor duas vezes. Parecia uma coisa certa e natural, embora o tempo todo eu estivesse intrigada com a sexualidade dele, que falava sofregamente de homens, de aventuras, de masculinidade... Na manhã seguinte, ele pediu café puro e ovos estrelados. O mordomo serviu, na sala de jantar. Depois, vi-o montar na motocicleta e desaparecer na esquina, para sempre."

Ursula Andress, que hoje mora na Itália, foi um dos casos mais constantes, e uma companheira de farras.

Mas o grande amor de sua vida foi Anna Maria Pierangeli, a Pier Angeli, estrela da MGM na década de 1950. Eles namoraram de mãos dadas no *set* de filmagem de *Vidas amargas* e quase se casaram. Os problemas começaram quando o namoro chamou a atenção da *mamma* Pierangeli, a futura sogra, italiana católica e rigorosa, que achava duas ou três coisas muito erradas com Jimmy: primeiro, o modo como ele se vestia; segundo, o modo como ele falava e se comportava; finalmente, o mais grave, o fato de não ser católico. A idéia de um namoro sério entre a filha mais velha e um não-católico representava um anátema absoluto para a sra. Pierangeli, que faria, como realmente fez, tudo para que o relacionamento acabasse um dia. Joe Hyams a entrevistou na época e descreveu-a assim: "Era uma mulher forte (...) miúda, morena, lindamente elegante como suas três filhas. Impressionava

O último papel: o magnata do petróleo na meia-idade.

como o tipo de mulher que lutaria bravamente, a fim de proteger a família de uma ameaça qualquer. Jimmy e Pier reagiram então com subterfúgios. Passaram a encontrar-se às escondidas, por exemplo, indo à praia".

Mas, quando finalmente engravidou, Pier recusou-se a casar às escondidas, como queria o namorado. E acabou casando-se, não com Dean, mas com Vic Damone, que a conhecera na Alemanha e a namorara rapidamente em 1951, enquanto ela filmava *The Devil Makes Three* e ele servia ao exército. No dia 23 de novembro de 1954 Pier e Vic casam-se na mesmíssima igreja em que ela e Jimmy planejavam se unir. James Dean, a quem Pier Angeli pedira encarecidamente que não comparecesse à cerimônia, vai, no entanto, de *jeans*, blusão e moto até a igreja na hora do casório, mas permanece do outro lado da rua, em frente, observando apenas.

O filho de Pier Angeli chamou-se Perry, em homenagem ao cantor Perry Como, amigo de Damone. Em 1958, quatro anos depois desse "casamento encantado" e três anos após a morte do ator, Pier divorciou-se de Damone e iniciou um amargo litígio judicial pela custódia de Perry, questão essa que só se resolveria em 1965, quando ela obteve uma custódia parcial. Estava casada, então, com o compositor Armando Trovajoli, uma outra união que também não duraria para sempre.

"Com Pier Angeli, o amor vai além da morte"

Pier Angeli chegou a definir James Dean como a causa última de todos os seus problemas pessoais e conjugais, como declarou uma vez ao *National Enquirer*: o ator havia sido "o único homem que amei profundamente e do modo como uma mulher deve amar um homem; jamais amei meus maridos do mesmo modo; tentei, mas nunca deu certo; eu acordava de noite para descobrir que havia sonhado com Jimmy. E me divorciei porque não creio que se possa amar um homem — ainda que morto —, morando com outro". (Pier Angeli morreu aos 39 anos — em 1971 — de uma superdose, possivelmente acidental, de barbitúricos.)

Após o rompimento com Pier, uma das amigas mais constantes de Dean foi a cantora negra Eartha Kitt, que o chamava carinhosamente de Jamie. Foi um relacionamento como que de irmão e irmã — íntimo porém platônico, até porque ela era a namorada de Arthur Loew Jr., o mais jovem dos produtores de Hollywood, o filho de um vice-produtor da MGM, neto por parte de mãe de Adolph Zukor, o fundador da Paramount, e neto por parte de pai de Marcus Loew, um fundador da MGM. Foi por intermédio de Loew que Dean conhecera Pier Angeli: o magnata namorara, por algum tempo, a irmã gêmea de Pier, Marisa Pavan.

Outro entrevistado, no *best seller*, é o ator Rod Steiger, que conviveu bastante com Dean e relembra um dos almoços em companhia do "garotinho perdido". Quase terminando de comer, Jimmy chama a garçonete.

— Vem cá, doçura, não estou gostando deste bife...

A moça protesta.

— Mas, mr. Dean, o senhor já comeu três quartos dele.

— Meu bem, isto aqui é Hollywood... Leve-o de volta.

E Steiger comenta: "Foi a única vez que ouvi Jimmy dizer alguma coisa que me incomodasse. Olhei para ele, rodeado de toda aquela gente, e pensei: ele vai acabar sendo destruído por isto aqui".

Steiger contracenara com Marlon Brando em *Sindicato dos ladrões*, sob a direção de Elia Kazan. Um dia, Kazan convidou Brando para visitar o *set* de *Vidas amargas*. Foi um momento difícil para James Dean. Marlon Brando era, então, o seu grande ídolo. Dean só se referia a ele em tom de veneração total. Conhecera Brando em Nova York, mas não se tornaram amigos. De certo modo, eram ambos muito parecidos, famosos por gostarem de andar de motocicleta, de tocar bongô e por recitarem as suas falas dramáticas como se estivessem resmungando. Brando não facilitou as coisas para Dean ao tratá-lo como uma espécie de irmão mais moço e ao lhe dar... conselhos! Aconselhara Jimmy a não andar demais de moto, a não arriscar daquele modo o seu tesouro mais precioso, isto é, o próprio rosto... E até o aconselhou a ir a um psiquiatra! Parecia tê-lo na conta de mais uma imitação grosseira de si próprio. O que em última análise não era correto.

Comparações com Marlon Brando eram, na época, inevitáveis. Todo jovem ator costumava ser fatalmente comparado a ele. O que havia de denominador comum não era a personalidade real de Brando, mas, talvez, as *personae* que todos interpretavam na tela. Um novo tipo de herói estava começando a tomar corpo no cinema, e Brando encarnara esse herói. Dean deu-lhe forma definitiva. "Eles não eram parecidos", comenta Elia Kazan, "Marlon era bem treinado por Stella Adler e possuía uma técnica excelente; era um profissional em todos os aspectos da interpretação, inclusive na caracterização e na maquilagem. E também um grande talento mímico. Já Dean não tinha uma técnica digna do nome. Ou ele captava a cena imediatamente, sem precisar de uma direção detalhada — e isso se dava 90% das vezes —, ou então ele não conseguia nada, simplesmente".

Mas, assim como Brando esnobou Dean, este esnobaria Jack Nicholson (seis anos mais jovem) ao serem apresentados mutuamente na mansão de Samson DeBrier, um fã de cinema que mantinha uma *open house* para jovens atores. Nicholson ansiava por conhecer o astro de *Vidas amargas*. Dean mal se deixou apresentar. O amigo comum tentou desculpá-lo, explicando que Dean havia vindo de moto, e que o vento lhe afetara a audição e a visão.

“No choque, o carro ficou despedaçado. E o mundo ainda chora a morte do ídolo”

A última e fatídica corrida de automóvel teve lugar na tarde de 30 de setembro de 1955. Ao lado de James Dean estava Rolf Weutherich, o mecânico alemão de 28 anos que cuidava pessoalmente do Porsche 550 Spyder prateado que o astro comprara recentemente.

Jimmy costumava gabar-se de atingir altíssimas marcas por hora com o seu novo brinquedo, e não exagerava. O Spyder era um carro difícil de ser avistado por outros automobilistas nos cruzamentos, por causa da sua cor prateada e da sua altura baixa. Era por volta de 17h30, com o sol poente brilhando bem de frente nos olhos de James Dean, viajando a caminho de Paso Robles, sem sequer o cinto de segurança afivelado (só o banco do motorista possuía cinto, pois o acompanhante não participava de competições), quando o Porsche Spyder chegou ao cruzamento das estradas 466 e 41, um ponto em que já haviam ocorrido várias colisões fatais. Dean chegou a perceber o automóvel que estava para entrar na pista.

— Esse camarada vai ter de parar — comentou com Rolf Weutherich. — Ele tem de nos ver!

O camarada era Donald Turnupseed, um estudante universitário um ano mais moço que Dean. Mas, quando viu o Spyder disparado na sua direção, era tarde demais. Pisou no freio; seu carro deslizou dez metros. Os dois carros bateram. Turnupseed sobreviveu à batida, desacordado e contundido. Weutherich, atirado do assento, quebrou o queixo e o fêmur esquerdo. Mas o outro ocupante do Porsche, preso no assento por trás do volante, com a cabeça praticamente seccionada do resto do corpo, não teve a mesma sorte e chegou morto ao Paso Robles Memorial Hospital, onde o médico que lhe assinou o atestado de óbito registrou: “Um pescoço quebrado, múltiplas fraturas ósseas e lacerações por todo o corpo”.

James Dean deixou uma herança de exatamente US$ 96.438,44. E o grosso desse dinheiro saiu mesmo de um seguro contra acidentes, no valor de 100 mil dólares, e da venda dos seus pertences, a saber: um cavalo Cisco rendeu 125 dólares, um capacete de corrida, 30 dólares, a Triumph, 475 dólares houve mais os 6,7 mil dólares que a companhia de seguros pagou pelo Spyder e os US$ 3.256,48 que havia na conta bancária de Jimmy, no Chase.

Hoje, Dean é cultuado no Japão, cuja sociedade excessivamente homogênea tem um fraco por rebeldes; na Inglaterra, por efeito do saudosismo; na França, onde existe até um canal de tevê chamado Jimmy, que só exibe filmes da década de 1950, por efeito de seu *sex-appeal*. A imagem James Dean está devidamente patenteada no Escritório de Marcas e Patentes dos EUA, em Washington. Fabricam-se milhares de manequins em escala um-por-um do astro, *made in Japan*. Produzem-se roupas de ginástica, camisetas, cartazes, fronhas, óculos escuros, etc., inspirados por Jimmy Dean. Nas lojas de *souvenirs* ao redor do mundo há sempre alguma coisa ligada a ele, que os turistas compram avidamente. Só em 1991 a Fundação Dean (pertencente à família) faturou quase 6 milhões de dólares. Nada mau, quando se leva em conta que ele recebeu apenas 10 mil dólares para trabalhar em *Juventude transviada*...

Fonte: Correa, José Guilherme. *Manchete*, Rio de Janeiro, 23 jan. 1993.

James Dean, rebelde, ganha versão no vídeo

Acaba de sair em vídeo o segundo filme realizado com o ator James Dean (1931 - 1955), *Juventude transviada* (*Rebel Without a Cause*), de Nicholas Ray, lançado em 1955. Dos três filmes que estrelou, apenas *Vidas amargas* (*East of Eden*), de Elia Kazan, ainda não foi lançado em vídeo no Brasil. *Assim caminha a humanidade* (*Giant*), de 1956, já está disponível há algumas semanas nas locadoras. Os dois foram lançados pela Warner Home Video (com venda exclusiva pela Breno Rossi), uma sucessora do poderoso estúdio Warner Brothers que produziu os originais, sucesso na década de 1950.

Todos esses filmes apareceram na década de 1950 quando se procurava um cinema com roteiros simples, poucos atores, e que substituísse os estúdios por filmagens em locações, mais baratas. Influenciado pelo teatro da época, com forte influência da temática social, o cinema norte-americano do pós-guerra teve várias peças de Tennessee Williams, por exemplo, adaptadas. *Um bonde chamado desejo* (*A Streetcar Named Desire*), de Kazan, é um exemplo. Foi o filme que projetou Marlon Brando e uma nova forma de interpretação, derivada do recém-criado Actor's Studio, de Nova York. Nessa época surgiu a expressão "drama psicológico", que caracteriza bem os três filmes.

O mais simples que se pode dizer do método Actor's Studio — um dos vários métodos que surgiram nos EUA, influenciados pelas teorias do ator e teórico russo Constantin Stanislavski — é que havia uma preocupação nele para que os atores tentassem assumir as personalidades dos personagens.

Kazan, que, juntamente com Lee Strassberg, esteve no centro da criação do Actor's Studio, tinha como principal objetivo fazer dos atores o centro dos seus filmes. A ação deles, para Kazan, era mais importante do que as imagens, paisagens ou cenários.

James Dean é tido como o exemplo mais bem-acabado dessa escola de interpretação. O primeiro foi Marlon Brando, atuando em *Um bonde chamado desejo*, dirigido por Kazan (que descobriu Brando e Dean no teatro).

Depois se projetaram Montgomey Clift (para alguns, o melhor de todos), Paul Newman, Marilyn Monroe (que já fazia sucesso quando procurou o Actor's Studio), até mais recentemente atores como Ben Gazzara, incluindo até Jane Fonda. Isso prova que o Actor's Studio, que existe até hoje, há muito tempo já não é mais o mesmo.

Juventude transviada foi o segundo filme de James Dean. Em *Assim caminha a humanidade*, o último, ele consegue, para o desespero de Elizabeth Taylor e Rock Hudson, roubar a cena, fazendo um papel secundário. *Vidas amargas*, de Kazan, é considerado por muitos o seu melhor filme.

Em *A Life*, a autobiografia recente, Kazan conta como foi seu primeiro encontro com Dean: "Não gostei da expressão no seu rosto, por isso o deixei esperando. Nós tentamos dialogar, mas conversar não era o seu forte. Por isso ficamos sentados olhando um para o outro. Ele me perguntou se eu queria dar uma volta na garupa da sua moto; não gostei do passeio. Ele demonstrava ser um garoto do campo que não se impressionava com o tráfego da cidade. Quando voltei ao escritório, chamei Paul (Osborn, autor do roteiro) e disse que o garoto era realmente o Cal de *Vidas amargas*; não fazia mais sentido continuar procurando ou tentar 'interpretá-lo' ".

É comum se dizer que o cinema norte-americano sempre procurou construir heróis. Numa entrevista dada em 1961, Elia Kazan definia assim o sucesso repentino de Dean: "Em 1954 as pessoas queriam um rapaz todo confuso e que chorasse alto pela maneira perversa como o mundo e toda a gente o haviam tratado. Hoje não querem mais isso. Hoje as pessoas desejam um personagem definido, calmo e autoritário, que atue como um líder e não fique choramingando por aí".

É interessante observar essas declarações agora, quase

James Dean e Julie Harris em *Vidas amargas*, 1954.

Com Natalie Wood, em *Juventude transviada*, 1955.

Com Elizabeth Taylor em *Assim caminha a humanidade*, numa cena clássica do filme.

trinta anos depois. Às vezes todos os símbolos da década de 1950 voltam à tona. Jaquetas de couro, motos, velocidade, na verdade tudo isso nunca saiu de moda. Já existem várias teorias atuais tentando explicar por que o cinema da década de 1980 buscou tantas referências nesse cinema "antigo".

Coppola, por exemplo, tentou com o filme *Vidas sem rumo* (a partir do romance *Outsider*, de S. E. Hinton) recriar o ambiente da época. *O selvagem da motocicleta* (*Rumble Fish*), sem dúvida, superou o seu filme anterior e conseguiu projetar dois atores que procuraram se inspirar em Dean: Matt Dillon (talvez o que mais se aproxime do original, tendo também atuado em *Vidas sem rumo*), e Mickey Rourke (que trabalhou em *9 1/2 semanas de amor*, O *ano do dragão* e *Uma prece para os condenados*).

Mas tudo isso acabou. Dean morreu aos 24 anos, quando seu carro bateu a 160 km por hora numa autoestrada norte-americana (já foi dito que havia um contrato entre a Warner e Dean proibindo-o de guiar carros durante a realização de *Assim caminha a humanidade*, o acidente ocorreu duas semanas depois do final das filmagens).

O cinema atual até hoje tenta dar um sentido à sua existência, sempre com o olhar voltado para o passado. Esses filmes de Elia Kazan, Nicholas Ray são, enfim, tudo o que resta de uma época em que o cinema ainda conseguia fabricar mitos. Quantos deles o cinema atual possui?

Fonte: GOMES, Marcos Stecker. *Folha de S. Paulo*, São Paulo, 1º de dez. 1989.

James Byron Dean

Sérgio Augusto

"Aquele cara tem de parar!"

Mas o cara não parou. E o automóvel, que inadvertidamente invadira o cruzamento da estrada 466 (hoje 46) com a 41, nas proximidades de Paso Robles, na Califórnia, bateu de lado no Porsche Spyder prateado que vinha afrontando o perigo e desafiando o lusco-fusco do sol poente a 160 km por hora. Contemplando os escombros, uma testemunha do desastre comentou: "O Porsche mais parecia um maço de cigarros amassado". De acordo com a perícia, faltava um minuto para as 18 horas quando os dois carros se chocaram. Donald Gene Turnupseed, motorista do outro carro, sofreu apenas escoriações na testa e no queixo. O mecânico Rolf Weutherich baixou no hospital com fraturas sérias no queixo, nas pernas e luxações por todo o corpo. Estava ao lado do motorista do Porsche e nunca mais pôde esquecer do seu último grito: "Aquele cara tem de parar!" Mas o cara não parou e James Dean, o estranho e encantado rapaz ao seu lado, emudeceu para sempre.

Já era noite alta quando a notícia chegou a Hollywood. "O garoto morreu!", berrou Henry Ginsberg ao telefone. Do outro lado da linha, Stewart Stern nem perguntou de quem se tratava; desligou e foi curtir sua amargura, perambulando pelo Sunset Boulevard. Sabia que, mais cedo ou mais tarde, o garoto terminaria entre ferros retorcidos por uma louca disparada. Mas não tão cedo. James Dean, o Rodolfo Valentino da era do *rock*, tinha apenas 24 anos — e somente um filme, *Vidas amargas* (*East of Eden*), de Elia Kazan, conhecido do público.

Stern, grande amigo de Dean, havia escrito o roteiro de *Juventude transviada* (*Rebel Without a Cause*), o segundo filme estrelado pelo ator. Ginsberg, produtor de *Assim caminha a*

"Não entendo como as pessoas conseguem ficar na mesma sala que eu. Sei que eu não agüentaria a mim mesmo."

humanidade (*Giant*), a derradeira aparição do ator na tela, fora um dos primeiros a tomar conhecimento da tragédia, junto com alguns dos integrantes da equipe do filme que, naquela fatídica sexta-feira, 30 de setembro de 1955, assistiam ao copião das últimas cenas filmadas, numa cabine da Warner.

Fazia uma semana que Dean concluíra a sua participação em *Giant*. Elizabeth Taylor, sua principal estrela, desmaiou nos braços do diretor George Stevens, o arauto da desgraça.

Deus na produção

Ao funeral, em 8 de outubro, em Fairmount, minúscula cidade rural de Indiana onde o ator fora criado, Liz Taylor limitou-se a enviar flores. Três mil pessoas compareceram. Quando o esquife baixou sepultura, o reverendo Xen Harvey encomendou a alma de Dean com uma grandiloquência cinematográfica: "A carreira dele não terminou. Apenas começou. E agora é o próprio Deus quem dirige a produção".

Mas ainda havia na Terra duas outras produções inéditas.

Juventude transviada estreou no Cine Astor, de Nova York, três semanas depois do enterro, oferecendo o supremo estereótipo da delinquência juvenil: "James Dean é Jim Stark, um rapaz que pensa que para ser bom é preciso ser mau". Explorando o *glamour* da rebeldia adolescente, Hollywood lançava um novo subgênero cinematográfico. Em seu rastro nascia a mais necrófila e duradoura idolatria que a sociedade de massa já manipulou. Quase ninguém resistiu. Quatro meses depois, nas páginas da revista *Cahiers du Cinéma*, François Truffaut, que tinha a mesma idade de Dean, comparava o finado ídolo a uma tenra flor do mal baudelairiana. No semanário *Arts* ampliaria a exegese:

"Em James Dean a juventude atual se identifica por inteiro, não tanto por causa da violência, do sadismo, da histeria, do pessimismo e da crueldade, mas por outras coisas infinitamente mais simples e corriqueiras: o pudor dos sentimentos, a fantasia permanente, a pureza moral sem relação com o mundo corrente, o gosto eterno da adolescência pelo desafio, pela embriaguez, pelo orgulho e mais o seu desgosto de se sentir fora da sociedade, pela recusa e pelo desejo de nela se integrar, e finalmente pela aceitação — e pela recusa — do mundo tal como ele é".

Com James Dean o jovem atingira finalmente a modernidade.

Ser um jovem moderno, na década de 1950, era ser diferente dos pais, do *blue jeans* à cabeça. Data daquela época a expressão conflito de gerações, maná sociológico que Hollywood explorou com as simplificações freudianas exigidas pela concorrência do superficialismo televisivo. Nas telas agigantadas pelo cinemascope, uma torrente de crises de identidade, ansiedades sexuais reprimidas, lares destroçados, pais castradores e filhos carentes soterrou por uns tempos as questões sociais valorizadas no final da década anterior.

Orfandade afetiva

"Fale comigo, pai!", implorava Jim Stark, o rebelde sem causa de *Juventude transviada*. Mas o pai não sabia como atravessar a ponte sobre o abismo que os separava. Cal Trask, o bíblico adolescente de *Vidas amargas*, também tivera problemas com o pai. Na cena final, os dois ensaiavam um diálogo paradoxalmente mudo: o pai silenciado por um derrame cerebral, o filho emudecido por um choro convulsivo.

Com Cal e Jim, James Dean criou dois majestosos ícones da orfandade afetiva. Jett Rink, o enjeitado que em *Giant* fazia da personagem de Mercedes McCambridge sua mãe postiça, completaria a galeria. Projeções cinematográficas de si próprio (Dean perdeu a mãe aos 9 anos, foi abandonado pelo pai e criado pelos tios). Cal, Jim e Jett pareciam só querer da vida o que ensinava a última estrofe da canção *Nature Boy*, a preferida do ator: "A maior coisa que a gente aprende é amar e ser amado".

Quando *Giant* foi finalmente lançado em outubro de 1956, o culto ao transviado número um da América batia recordes de absurdos em todo o mundo. "James Dean não morreu!", proclamavam as publicações mais sensacionalistas, repetindo a mórbida cantilena de que o ator, com o rosto deformado durante o desastre, refugiara-se para sempre em local ignorado. Já haviam feito o mesmo com Valentino, trinta anos antes.

As revistas menos escandalosas não ficaram muito atrás. "Você pode ver James Dean viver eternamente", prometia na capa a *Motion Pictures* de outubro de 1956. Como? Caindo na esparrela do lúgubre consumismo desencadeado pela indústria de *souvenirs*: fotos, pôsteres, réplicas da máscara mortuária do ator, anéis supostamente enfeitados com um pedaço do mármore de sua tumba, medalhas e chaveiros supostamente forjados com a sucata do Porsche Spyder — que por sua vez acabaria sendo a mais procurada atração de uma exposição automobilística montada em Hollywood, em dezembro daquele ano.

Nenhum outro defunto recebeu tantas cartas (8 mil por mês em 1956), e as que sobravam para os seus companheiros não eram menos necrófilas.

Julie Harris, a atriz com quem Dean contracenara em *Vidas amargas*, quase foi à loucura de tanto ser indagada sobre como era ser beijada pelo ator. Havia também pedidos de relíquias. Qualquer uma. Até pedaços de alguma parede que ele tivesse tocado servia. Seu túmulo permaneceu pouco tempo a salvo do vandalismo de suas viúvas espirituais.

Nem os arquivos da Warner escaparam à pilhagem dos fãs. Quando neles foi garimpar subsídios para seu livro, *James Dean: A Short Life* (Signet, 1975), Venable Herndon levou um susto. Ainda assim produziu uma das mais alentadas biografias do ator.

Outra recomendável é a de David Dalton, *James Dean: The Mutant King* (Straight Arrow Books, 1974), base da que Antonio Bivar publicou há dois anos na coleção Encanto Radical, da Brasiliense. Aos que apreciam divagações esotéricas, Robert Wayne Tysi ofereceu o máximo: *Continuidade e evolução num símbolo público: Uma investigação da criação e comunicação da imagem de James Dean na América*. Ufa! É, óbvio, uma tese de doutoramento, com 670 páginas, cometida há vinte anos e hoje tão rara quanto o álbum da Columbia (LPCB 31119) com as trilhas sonoras dos três filmes protagonizados por James Dean.

No Brasil, como de hábito, reagimos por osmose, envergando rubras jaquetas de náilon, contemplando o mundo de esguelha, esboçando sorrisos espasmódicos e copiando os demais tiques que o felino Dean vampirizaria de Marlon Brando. Também nos regalamos com a sua funérea *memorabilia*. Da França, escrita por Yves Salgues no melhor estilo rosa bombom, chegou até nós a primeira biografia do ator, traduzida em 1957 pela Editora Vecchi. Só não extasiou quem tivera acesso ao primeiro livro sério de reminescências sobre Dean, publicado um ano antes por William Bast, companheiro do ator desde os tempos em que ambos estudaram arte dramática na Universidade da Califórnia.

Pela primeira biografia filmada *The James Dean Story*, documentário dirigido por Robert Altman em 1957, ficamos chupando o dedo. E é quase certo que tenhamos de fazer o mesmo em relação a outro documentário mais recente, *Hollywood Out-takes*, no qual, entre outras curiosidades, Dean aparece fazendo um ominoso comercial para a televisão sobre os perigos a que se arriscam nas estradas de rodagem os motoristas mais apressados. Altman era tão vidrado no ator, que há tempos montou uma peça intitulada *Welcome to a Five and Dime, Jimmy Dean, Jimmy Dean*, cuja versão cinematográfica, por ele próprio dirigida, tampouco há de chegar até nós.

O mito, no Brasil

A mitificação de James Dean no Brasil atingiu o seu ápice antes da estréia de seu último filme em nosso mercado. A primeira exibição pública de *Giant* deu-se na semana de pré-estréia do festival "A História do Cinema Norte-americano", organizado pela Cinemateca do Museu de Arte Moderna do Rio de Janeiro, em 1958. Às 11 h da manhã, as filas já dobravam a esquina mais próxima do cine São Luiz, no Largo do Machado. A plateia assistiu em sepulcral silêncio à longa primeira parte do filme. Nela, Dean não aparece. À medida que o casal Elizabeth Taylor / Rock Hudson ia-se aproximando de seu rancho, no Texas, um *frisson* começou a tomar conta dos espectadores. Estava chegando a hora de Jett Rink entrar em cena. Quando, em *close*, ele entrou, debruçado displicentemente sobre um calhambeque conversível, espiando como um gato vadio a festiva chegada dos seus patrões em lua-de-mel, a plateia vocalizou o seu orgasmo coletivo: "ohhhh!"

Se ainda vivesse, James Byron (como o poeta preferido de sua mãe) Dean estaria hoje com 54 anos [este artigo foi escrito em 1985] e provavelmente careca. É quase certo que teria feito uma fortuna como ator, eventualmente recuperado os dois Oscars (póstumos) que perdeu (para Ernest Borgnine, em *Marty*, e para Yul Brinner, em *O rei e eu*), e roubado outros papéis a Paul Newman, que lutou em vão para interpretar Cal Trask de *Vidas amargas* e, com a morte de Dean, herdou Billy the Kid de *Um de nós morrerá* (*The Left-Handed Gun*) e o Rocky Graziano de *Marcado pela sarjeta* (*Somebody Up There Likes Me*). Por causa da sua instabilidade emocional, é possível ainda que tivesse abandonado o cinema ou sido abandonado por ele. "Ele morreu no momento certo", comentou Humphrey Bogart, para quem Dean "jamais conseguiria ficar à altura do personagem construído pela publicidade".

Talvez. Para a geração que o venerou, o controvertido Dean foi praticamente tudo: indefeso e viril, adorado e enjeitado, doce e enérgico, selvagem e gentil, desajeitado e gracioso, artificial e natural: em suma, uma antologia de contradições digna de dois outros astros surgidos naquela época: Marlon Brando (que também fora criado numa fazenda do interior e adorava motocicletas) e Marilyn Monroe (que também era órfã e igualmente morreu jovem e bela).

Bissexual

Para os que chegaram a conhecê-lo mais de perto, tanta adulação nunca fez muito sentido, como se a um Deus fosse negado o direito de ser egocêntrico, perverso, instável, arrivista, porcalhão, irascível — e bissexual.

No segundo volume de sua coletânea de escândalos, *Hollywood Babylon*, publicado ano passado, Kenneth Anger

James Dean personificou a juventude norte-americana rebelde e incompreendida, tornando-se astro mundial em apenas um ano.

não só confirma que, na véspera de sua partida para a corrida automobilística em Salinas, a caminho da qual morreu, Dean participara de uma conturbada festa *gay* na praia de Malibu, em Los Angeles, como revela outras facetas da promíscua vida sexual do ator. Sadomasoquista, de tanto ser queimado com pontas de cigarro, Dean ficou conhecido em certos redutos *gays* como "O cinzeiro humano". Ainda segundo Anger, Dean era um viveiro de "chatos" e viva coçando a genitália, gesto que os menos íntimos confundiam com trejeitos do Actor's Studio. Durante as filmagens de *Juventude transviada*, incomodados com as suas coceiras, Natalie Wood, Sal Mineo e Nick Adams o arrastaram a uma farmácia para um banho de inseticida.

"Jimmy não teria passado dos 30 anos", palpitou Nicholas Ray, o diretor de *Juventude transviada*; outro que também já se foi. Seus companheiros mais chegados não foram muito além daquela faixa. Sal Mineo e Nick Adams morreram aos 37 e Natalie Wood, aos 43. Morreram jovens e em condições trágicas: Mineo assassinado, Wood afogada, e Adams suicidou-se. Pier Angeli, tida como o único grande amor de James Dean, só conseguiu ter ânimo para viver até 1971. Tinha 39 anos e matou-se de saudades.

Os rebeldes sem causa não conseguiram atravessar a década de 1950 sem traumas irreparáveis.

Fonte: Augusto, Sergio. *Folha de S. Paulo*, São Paulo, 4 jul. 1985.

Encontro marcado com a morte

Eles jantaram no Farmer's Market, o Mercado dos Fazendeiros, um dos poucos lugares de Hollywood em que o esnobismo ainda não chegara. Rolf Weutherick, um excelente mecânico de origem alemã que, antes de se naturalizar norte-americano, fora piloto de provas da Porsche, depois da Mercedes (onde chamou a atenção de Fangio), e que Jimmy tomou como seu conselheiro de pista, diz-lhe:

— Na Europa, os pilotos mandam seus carros de trem.

— Quando eles estão rodados.

— Mas o seu está rodado, Jimmy.

— Eu e o Rolf lhe damos uma hora de vantagem e chegamos a Salinas ainda assim antes de você — declarou Jimmy num tom orgulhoso de apostador, dirigindo-se a Sandy H. Roth.

— Bill não aprecia muito o excesso de velocidade — replicou este último, olhando Bill Hickman, um dos *play--boys* mais em voga na Hollywood da metade do século XX. — Já que Bill nos dá o prazer de nos acompanhar, por que lhe proporcionar emoções desagradáveis?

— Bill é um maravilhoso dançarino da alta — exagera James Dean, com uma ironia mordaz. — Não vamos lhe dar angústias inúteis; elas podem prejudicar sua concepção do mambo.

Os olhos de Jimmy tinham a mesma expressão fixa e resoluta de quando estava no penhasco de *Juventude transviada*, quando foi dada a partida da famosa "corrida dos brotos".

Eles tomaram a estrada do Oeste às 2h46. James e Rolf no Porsche Spyder, os cabelos ao vento, Sandford e Bill atrás, na *station-wagon* Ford azul-celeste de Jimmy, com todo o material fotográfico.

Aquela estrada era a de Éden, a daquela "Califórnia que

não é na verdade nem interior nem marítima", e que Steinbeck nos fez amar tanto em seus romances. No final, o rio Salinas devia correr, fresco e verde sob salgueiros, perturbado de vez em quando por alguma cobra-d'água, a cabeça erguida como um periscópio, como no primeiro capítulo de *Ratos e homens*. A fazenda Tortilla Flat devia ser naquelas paragens. Eles atravessariam a paisagem luxuriante das *Vinhas da ira* e, se tudo corresse bem em Salinas, iriam, através do Grande Vale, tomar um banho de som e fúria naquela lendária rua da Sardinha, em Monterey.

No entanto, James Dean, 24 anos, tinha-se engajado, sem mesmo o saber, "numa batalha duvidosa".

No norte de Bakersfield, naquela região em que as colinas californianas cheias de pomares se parecem tanto com as do Var, sem o mistral e as oliveiras, ele nem escutou o apito do guarda rodoviário da sétima brigada.

— Não se faça de surdo, pare imediatamente! —gritou Rolf. Ele parou: dois guardas de motocicleta, com as sirenes a toda, o perseguiam.

— Oh! — disse Jimmy sorrindo e balançando a cabeça da direita para a esquerda como em seus filmes — não há delito de fuga.

— Não, mas simplesmente excesso de velocidade — retorquiu o guarda O'Hara.

E lhe aplicou uma multa de 8 dólares, que Jimmy teve de pagar.

— Se correr desse jeito, nunca vai chegar a Salinas.

Às 17horas, Jimmy e Rolf comeram ovos fritos com torradas e café num *blackwell corner's* (o equivalente a nossos restaurantezinhos de estrada). Encontraram aí o campeão de polo Lance Reventlow, filho de Barbara Hutton, futuro herdeiro da cadeia de lojas Uniprix, e grande apreciador de corridas, mas apenas como espectador.

— Desde Bakersfield, estou a 150 km por hora — declarou Jimmy orgulhosamente.

— Vou mais devagar com a minha Mercedes — disse Reventlow. (Em junho do mesmo ano, a tragédia de Le Mans, inesperadamente, marcara demais os norte-americanos.)

Quando Jimmy e Rolf subiram no Spyder cinza-prateado, ele desejou boa sorte ao piloto e seu acompanhante.

Alguns minutos depois, tomaram a State Highway 41 no entroncamento de Little Canyon. James Dean dirigia à sua maneira habitual, contraído, ligeiramente apoiado no volante, sem dizer uma palavra. Abriu a boca uma única vez, a cento e noventa quilômetros de Salinas, para dizer a Weutherick, mostrando-lhe uma paisagem desértica, cactos e palmeiras selvagens aqui e ali, bizarramente malva ao entardecer:

— Foi ali que Sturges filmou *Conspiração do silêncio* (quando perguntavam a Jimmy quais os filmes que mais o tinham marcado, ele citava os de Kazan, de Stevens... e, sempre, *Johnny Guitar*, de Nicholas Ray, e *Conspiração do silêncio*, de John Sturges).

A cento e trinta quilômetros de Salinas, a estrada 466 corta a autoestrada 41: é o entroncamento de Grapevine, setor de Paso Robles. O velocímetro marcava 115 (ou seja, 160 km por hora) quando Jimmy percebeu uma limusine preta Plymouth vindo pela 466 em direção ao cruzamento.

— O cara vai parar, espero. A preferencial é minha.

— Freie — gritou Rolf, assustado.

Mas aí já era tarde demais: em vez de frear, Jimmy, num forte reflexo fatal, apertou o acelerador. Ouviu-se então o grito de terror de um homem que despenca no vazio: o grito de James Byron Dean quando os dois carros se chocaram. A colisão foi tão violenta que sua nuca se chocou contra o montante do tanque de gasolina. Por isso, o número 130, que Jimmy dois dias antes havia pintado com tanto esmero com a pistola e "pó carmim", estava sujo de sangue: o sangue de sua vértebra cervical fraturada. Morto na hora.

Eram 17h59 do dia 30 de setembro de 1955, véspera da volta às aulas na França. O crepúsculo já se fora e não havia ninguém na estrada, fora os dois acidentados e aquele morto famoso de 24 anos para o qual viver nunca tinha sido um ato furioso, mas simplesmente uma necessidade e, sem dúvida nenhuma, uma dificuldade, uma dor.

Morto na hora.

No entanto, aquela morte acabava apenas com a vida física de James Byron Dean. Ele a sofrera como se fora a descarga de um raio fulminante, aniquilador. Mas, como para se desculpar de sua imperícia cega — e para ser perdoado —, a morte já transformava sua vítima em herói; daquele louco do volante ela fazia um deus, deixando para a juventude o cuidado de elevar até o mito o rosto e o nome do amado desaparecido; agora muito mais acessível e muito menos temido. A juventude ia se pôr a desejá-lo, depois a amá-lo desenfreadamente em seus sonhos. A vida não dera a James Dean — o ator — o tempo de virar um ídolo. A morte — que tem a eternidade diante de si mas que é veloz — iria criar rapidamente as condições para uma idolatria. Em 1956, *Juventude transviada* encheu as salas escuras, porque cada um de nós abrigava em seu pensamento esse fantasma desconhecido, esse morto estranho.

O entusiasmo público suscitado pelo filme e a posterior adoração religiosa por *Assim caminha a humanidade* se explicam como honras póstumas a uma carreira fulgurante fulminada pela morte. A França soube da morte dele antes de conhecê-lo como ator. Enquanto vivo, ele gozava — certo — de algum crédito; mas foi a morte — só a morte — que fez de James Dean essa figura de proa deificada. Logo alvo de um culto espontâneo, esse culto — por sua duração fiel — alcançou as proporções do mito, isto é, uma construção do imaginário numa realidade dada, ou seja, da fábula numa existência coletiva vivida. Fenômeno social norte-americano na França, James Dean será aí bajulado religiosamente. Ele deve esse prestígio à morte violenta; a glória, ao destino que o matou na hora.

"A morte é uma coisa comovente", escrevia Cocteau, "quando se morre jovem". Se Jimmy Dean tivesse morrido aos 30 anos, seu destino *post-morten* teria sido totalmente outro. Teria sido um morto comum, cuja alma teria se desligado do corpo, e nossa memória não teria se interessado por ele. Como eu discutia com Louis Aragon e Elsa Triolet sua carreira meteórica e seu desaparecimento brutal, Aragon fez esta declaração peremptória: "De qualquer forma, ele morreu velho demais". Ao que Elsa retorquiu: "Mas não, Louis, ele não morreu velho demais: ele morreu na idade-limite. Como Ducasse!" (Isidore Ducasse, conde de Lautréamont). É bem verdade que — em sua veloz precocidade — a morte escolheu soberbamente sua hora para nos roubar James Dean.

Sandford Roth só chegou vinte e cinco minutos depois. Isso mostra a que velocidade ia Jimmy, esse Jimmy que Sandy não conseguira alcançar em Bakersfield, apesar de sua parada forçada, nem no *blackwell corner's*, apesar da parada voluntária.

Policiais e enfermeiras se desdobravam à volta do carro acidentado. Um operador da polícia rodoviária espocava os *flashes* de sua máquina fotográfica. Uma primeira ambulância levou Weutherick, que estava perdendo muito sangue, ao hospital de Salinas, onde lhe fizeram uma transfusão antes de engessá-lo até a bacia. O sr. Turnupseed, o bravo caixeiro-viajante que dirigia a Plymouth preta, estava completamente aparvalhado, sentado na grama: seu lábio sangrava um pouco. Um dente quebrado, algumas escoriações, uma equimose na testa: tinha se safado bem. O que para aquele homem comum fora apenas um susto, para o jovem extraordinário fora a morte.

"A morte não gosta dos velhos", disse Hemingway, que, seis anos depois — já na casa dos 60 anos — dava um tiro na boca. Câncer ou depressão hereditária? Seu pai — o dr. Hemingway — tinha posto um fim aos seus dias da mesma forma.

Dois enfermeiros puseram Jimmy numa padiola de lona escura e o cobriram com um lençol branco.

"O sr. Dean morreu na hora", diz o relatório do oficial de polícia Buchanan. E mais adiante: "Seu rosto não estava desfigurado".

Assim a morte conservou intacto o nobre rosto de anjo.

Ao longe, um trem apitou. Os grilos das belas pradarias de Grapevine começaram seu casto concerto sem nenhum rancor. Mas outros hinos de amor iriam logo se elevar.

Encontraram, sob os escombros do Porsche desmantelado, seu macacão preto de couro muito fino, seu boné xadrez preto e branco, e, no meio de toda essa tristeza, o São Cristóvão de ouro dado por Anna Maria Pierangeli.

Seu pai, Winton Dean, foi fazer o reconhecimento do corpo na funerária da clínica cirúrgica F. D. Roosevelt, em Salinas. O reverendo James De Weerd veio de Cincinatti para prestar uma última homenagem àquele que fora seu aluno, e velou por ele toda a noite na câmara-ardente.

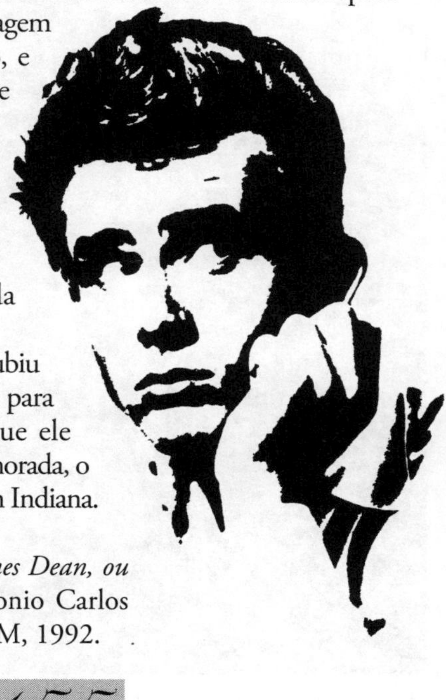

— Disso tenho certeza, sr. Winton: Jimmy está nas mãos de Deus — murmurava ele no dia seguinte, na plataforma da estação.

Então Winton Dean subiu no vagão especial alugado para Jimmy, aquele Jimmy que ele acompanhou até a última morada, o cemitério de Fairmount, em Indiana.

Fonte: Salgues, Yves. *James Dean, ou a dor de viver*. Trad. Antonio Carlos Viana. Porto Alegre, L&PM, 1992.

Antes de filmar *Assim caminha a humanidade*, Dean aprendeu o ofício do verdadeiro *cowboy*: montar e laçar.

JAMES DEAN

Filmografia

Na tela, no palco e na vida

Osny Arashiro

James Dean foi ator de teatro em Nova York, onde encenou, em 1953, *O imoralista*, de André Gide, e *See the Jaguar*, de Richard Wash. Trabalhou em peças para a televisão, em *Studio One, Danger the US Steel Hour* e *Cherokee Story*, mas foi o cinema que lhe trouxe notoriedade e a aura de mito.

Antes de se tornar ator de sucesso em Hollywood, fez pontas inexpressivas em três filmes. Literalmente, ficou famoso com apenas um filme, *Vidas amargas*, uma vez que *Juventude transviada* estreou três semanas após sua morte em 1955 e *Assim caminha a humanidade* foi lançado em 1956.

Baionetas caladas (*Fixes Bayonets*) — 20th Century Fox, 1951. De Samuel Fuller, com Richard Basehart, Gene Evans e James Dean (ponta).

O marujo foi na onda (*Sailor Beware*) — Paramount, 1951. De Hal Walker, com Dean Martin, Jerry Lewis, Corinne Calvet e James Dean (ponta).

Sinfonia prateada (*Has Anybody Seen My Gal?*) — Universal,1953. De Douglas Sirk, com Charles Coburn, Piper Laurie, Rock Hudson e James Dean (ponta).

Vidas amargas (*East of Eden*) — Warner Bros., 1955. De Elia Kazan, com Julie Harris, James Dean, Raymond Massey, Jo Van Fleet.

Juventude transviada (*Rebel Without a Cause*) — Warner Bros., 1955. De Nicholas Ray, com James Dean, Natalie Wood e Sal Mineo.

Assim caminha a humanidade (*Giant*) — Warner Bros., 1955. De George Stevens, com Elizabeth Taylor, Rock Hudson e James Dean.

A seguir, as sinopses dos três últimos e principais filmes de James Dean.

Vidas amargas

Título original: *East of Eden*
Realizado entre maio e agosto de 1954
Tempo: 115 minutos
Direção: Elia Kazan
Roteiro: Paul Osborn
Fotografia: Ted McCord
Música: Leonard Rosenman
Elenco:
James Dean .... Cal
Julie Harris .... Abra
Raymond Massey ...... Adam
Richard Davalos .... Aron
Jo Van Fleet .... Kate
Buri Ives ...... Xerife Cooper
Albert Dekker ... sr. Hamilton
Lois Smith .... Ann

James Dean recebeu 10 mil dólares para interpretar Caleb Trask, o suposto filho maldoso de Adam, que sente a falta da afeição do pai, toda ela voltada para o irmão gêmeo Aron. O filme possui uma das cenas antológicas de Dean, viajando como clandestino sobre o teto do trem, para ver sua mãe (Jo Van Fleet) em Salinas, dona de um bordel.

O romance *A leste do Éden*, do Prêmio Nobel John Steinbeck (1902-1968) tem ecos do capítulo bíblico de Caim e Abel, calcados entre o Bem e o Mal. O autor narra em 657 páginas a saga do fazendeiro Adam Trask, que vive na região de Salinas, Califórnia, ambientado no início do século XX.

Todo Adam (Adão) tem sua "Eva", e o protagonista encontra a bela Kate Ames, que um dia aparece ferida e desfigurada em sua fazenda, vítima de uma tentativa de assassinato pelo amante. Adam presta toda a assistência a Kate, que, nem bem se recupera, recebe pedido de casamento de Adam. Kate aceita como forma de gratidão, porém, é pelo irmão de Adam, Charles, que ela sente atração. Numa noite, Adam toma por engano o chá feito para Kate, com remédio, e desfalece pesadamente. Kate, sorrateira, vai se abrigar na cama de Charles. Desse amor bastardo nasceram gêmeos: Aron (representando o bem) e Caleb (de índole "má"). Uma semana depois de dar à luz, Kate abandona Adam e os filhos e desaparece sem dar notícias.

A última centena de páginas do livro fica por terminar. Foi a partir daí que o cineasta Elia Kazan adaptou para a tela o desfecho do romance, narrando a adolescência e o drama dos irmãos Aron e Caleb Trask, nos anos que antecedem a Primeira Guerra Mundial.

* * *

Cal (James Dean) é um rapaz introvertido, solitário, irrequieto, com complexo de perseguição e ressentido contra o pai. Aron (Richard Davalos) é pacífico, conservador, e tem uma namorada chamada Abra (Julie Harris). Os gêmeos disputam a atenção do pai, Adam, que se mantém na posição patriarcal de "pai rigoroso com o filho", distribuindo afeição conforme o mérito de cada um.

É Cal quem primeiro desconfia de que haveria algum segredo, e tenta descobrir onde está sua mãe. O pai sabe de toda a verdade e também sabe onde se encontra a ex-mulher, mas responde que "ela morreu". Cal percebe a mentira: "onde está o túmulo para poder levar flores?" Cal discute com o irmão Aron, tentando convencê-lo de que a mãe deles "não está no céu". Diz ter escutado esse comentário "de uns certos homens", enquanto pensavam que Cal não estivesse ouvindo. Mas Cal é capaz até de "ouvir a erva crescer".

Tentando desvendar os mistérios da noite, Cal, ainda rapazola, passou a sair de casa e só voltava tarde. Suas vagas noções iam-se acumulando: uma referência ouvida no correio, outra na rua ou num grupo de tagarelas na mesa de bilhar. Já estava certo de que sua mãe não havia morrido. Entretanto, sabia que Aron não era capaz de colher fragmentos de rua, que apontasse tal certeza.

Durante uma dessas caminhadas noturnas, Cal encontra um conhecido de mais idade e aceita seu convite para um drinque. Depois da primeira garrafa de uísque, um bando de boêmios convida Cal para continuar a bebedeira na zona do meretrício. O rapazola segue junto, esticando o corpo e andando na ponta dos pés, para parecer mais alto e adulto.

— Iremos ao bordel da Kate! As "tipas" custam caro, dez dólares, mas a farra é grossa! — disse um dos boêmios.

Uma vez na casa, escuta outro comentário: "Kate é aquela antiga mulher de Adam Trask, a mãe daqueles gêmeos!" Era o bastante para ter suas dúvidas respondidas. E a descoberta sobre sua mãe tinha sido mais uma confirmação do que uma novidade.

Durante o dia, Cal passa a circular próximo à casa de má-fama, seguindo Kate por diversas vezes em suas saídas pela

tarde. Assim que ela entrava no jardim da casa, Cal prosseguia com naturalidade, feito um transeunte qualquer. Não saberia dizer com exatidão por que a seguia, mas queria conhecê-la. Depois de dois meses acompanhando-a na ida e na volta, como sempre Cal a viu entrar pelo portão da casa. O rapaz, então, passou devagar em frente ao portão, mas Kate estava escondida atrás de uma grande moita de alfenas. E ao vê-lo passar com ar de curioso, perguntou:

— Não deseja nada?...

Cal sentiu calafrio, mas procurou disfarçar a emoção.

— Não é a primeira vez que você me segue. O que deseja?

— A senhora é a minha mãe e resolvi acompanhá-la para vê-la direito. Sou Caleb Trask.

Kate convida Cal para entrar. Mas a conversa não é de todo agradável. Kate não se sensibiliza por estar vendo Cal pela primeira vez depois de crescido. Não é convincente ao responder por que atirou no marido, Adam, e depois abandonou a família. Além de tudo, esqueceu o nome de Cal e o chama de Charles. Cal vai embora, mas antes deixa claro que a parte maligna de sua personalidade não foi herança de Kate e diz:

— Eu receava que a senhora me houvesse transmitido

a sua marca. Mas não transmitiu, não. Estou intato. Sou eu próprio. Bom ou mau, permaneço íntegro. Se tenho defeitos, são meus.

Nesse meio tempo, os negócios de Adam, com alface, não vão bem. Cal, em constante desarmonia com o pai — que prefere o obediente e comportado Aron —, tenta mostrar sua benevolência. Para ajudar nas dívidas do pai, Cal associa-se a um plantador de feijão. Ele tem um plano para ganhar dinheiro, pois a guerra se aproxima e o preço do feijão sofre aumento. Ao cultivar e vender o produto, Cal lucra 15 mil dólares, que pretende dar de presente ao pai no dia do seu aniversário. Mas nesse dia, o pai recusa o presente, chocado com o oportunismo do filho, aproveitando para faturar dinheiro com a guerra. Adam repreende Cal, dizendo que Aron é que lhe proporciona orgulho e alegria pelo seu progresso. "Se quer me dar um presente, dê-me uma vida exemplar!"

Cal retira-se da sala, inconformado, revoltado, abatido com a ingratidão e falta de compreensão do pai. Aron sai na companhia do irmão, na tentativa de consolá-lo. Cal o convida para mostra-lhe algo e acaba levando Aron para o bordel de Kate, mostrando a prostituta decadente, com artrite: "A nossa mãe". Kate, amargurada, envenena-se, pois, "uma vez cessando de existir, era o mesmo que jamais ter vivido".

Aron sofre uma desilusão irreparável e foge, alistando-se na guerra. O pai leva um choque com a notícia da morte de Aron e um derrame cerebral o põe de cama. Abra finalmente descobre que ama Cal e não Aron. Cal, com remorsos, diz ler nos olhos do pai toda sua censura, porque foi ele quem revelou a Aron tudo sobre a mãe, Kate. Finalmente, Abra e Cal pedem a bênção e o consentimento de Adam paralítico, que não mexe nem pisca os olhos. Mas com grande esforço entreabre os lábios, sussurrando sua aprovação e perdão ao regenerado e agora único filho Cal, que sofria de falta de amor e que cuidará do pai doente.

Juventude transviada

Título original: *Rebel Without Cause*
Realizado entre março e maio de 1955
Tempo: 111 minutos
Direção: Nicholas Ray
Roteiro: Stewart Stern e Irving Shulman
Fotografia: Ernest Haller
Música: Leonard Rosenman
Elenco:
James Dean .... Jim Stark
Natalie Wood .... Judy
Sal Mineo .... Plato
Corey Allen .... Buzz
Nick Adams .... Moose
Dennis Hopper .... Goon

Há um livro chamado *Rebel Without a Cause*, escrito por Robert M. Lindner, do qual a Warner Brothers comprou os direitos em 1946, para adaptar ao cinema. Em 1954, o diretor Nicholas Ray convida James Dean para o papel central, pois vê nele o ator ideal para interpretar Jim Stark. Juntos, diretor e ator vão em busca de vivência no mundo delinquente do *american way of life* da década de 1950, para maior fidelidade ao filme que pretendem realizar. Convivem com adolescentes, vão às escolas e nos distritos policiais, conversam com a juventude para saber das frustrações, amarguras, rebeldia e desarmonia com o *establishment* e com a vida familiar.

O filme, na verdade, foi criação de Nicholas Ray e James Dean (o qual deveria ser creditado como co-diretor do filme) com argumentos próprios, somados às pesquisas colhidas nas esquinas da cidade. O diretor impôs a sua história,

Em seu camarim, com as placas que mandou fazer, durante as filmagens de *Assim caminha a humanidade*.

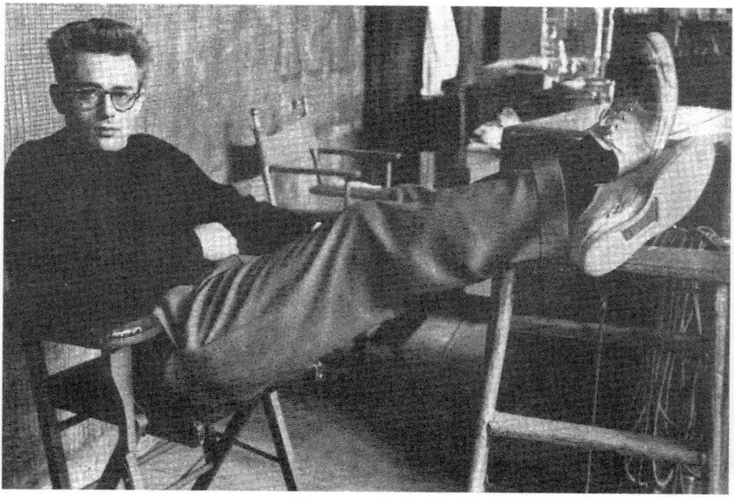

A descontração do ator no *set* de filmagem.

mas batizou o filme com o título do livro sugerido, que lhe agradava. Ray pretendia que seu filme fosse um reflexo dos acontecimentos e da consciência norte-americana da época. A sinopse do filme trazia o que Ray chamava de *the blind run*, como se fosse uma "corrida cega" dos jovens diante da vida, cujos atos sem objetivos dos delinquentes nasciam do isolamento, do ressentimento no seio familiar, chamando a atenção dos pais para certos desvios.

O fato de um adolescente de 16 anos ter jogado o automóvel num grupo de crianças, apenas para se divertir, teve importância para compor o personagem de Plato (Sal Mineo), que, no filme, atira em inocentes cachorrinhos.

A Warner inicia as filmagens em março de 1955, em preto e branco, pretendendo baratear os custos. Após alguns dias de filmagem, os produtores decidem fazer em cores e reiniciam os trabalhos. Há mudanças radicais nos figurinos dos atores, nos vestidos de Natalie Wood e no blusão que James Dean veste, em vermelho berrante.

* * *

Toda a trama do filme se passa em um único dia, e tem início com Jim Stark (James Dean) perambulando bêbado por uma rua deserta, à noite. Ao cair rolando no chão, encontra um macaquinho de brinquedo, conversa e se diverte com o bichinho, cobrindo-o depois com uma folha de jornal. Em seguida, Jim é levado ao distrito policial por embriaguez e desordem. Lá, encontra dois jovens: Judy (Natalie Wood), detida por vadiagem a altas horas da noite, e o rapazola Plato (Sal Mineo), por ter atirado em um cachorrinho e a quem Jim empresta seu paletó. Judy se ressente da falta de afeto do pai; Plato se sente abandonado após o divórcio dos pais; e Jim é um revoltado contra a mãe castradora e o pai passivo.

O pai de Jim tem um emprego que o faz mudar de cidade

constantemente; por isso, o filho se sente deslocado a cada mudança. Ele tenta fazer amizade com a garotinha vizinha — a própria Judy — mas as atenções dela estão voltadas para um tal de Buzz (Corey Allen), valentão e líder da rapaziada do colégio.

Ao chegar na nova escola, Jim logo percebe a panelinha dos *teddy boys* e fica na "sua". Consegue fazer amizade com o delicado e problemático Plato — que encontrara na delegacia. Durante uma aula de astronomia no planetário, o professor explica a constelação de Touro. Jim, para tentar uma aproximação com os colegas, graceja fazendo "muuu...", imitando o mugido da vaca. Os rapazes desaprovam o atrevimento do calouro, principalmente Buzz. Na saída do colégio, Buzz e gangue preparam uma provocação dirigida a Jim, para ver até que ponto o novato suporta. Plato, por ser ele próprio sempre vítima da gangue e em razão de sua fragilidade, percebe a trama e avisa Jim sobre o cerco que o aguarda; mostra-lhe o caminho de um casarão abandonado que serve de esconderijo. Mas, ao chegar no carro, encontra a turma de Buzz, que lhe furou o pneu e lhe dirigem lorotas. Está lançado o desafio: uma briga entre os dois, cuja arma são afiados canivetes. Jim leva vantagem e vence o inábil Buzz. Este desafia Jim para outro duelo, mais arriscado e perigoso: um racha de carro em direção ao precipício. Quem largar o volante e saltar fora primeiro é o perdedor.

Jim não aceita de imediato. Vai pedir conselho ao pai (Jim Backus), mas o velho tem outros afazeres e não dá atenção ao filho. A mãe (Ann Doran) também, desatenciosa na sua meia-idade, tem outras preocupações domésticas que lhe tomam todo o tempo. Jim não foge ao duelo e parte para a corrida do abismo.

Antes de entrarem no carro, Jim e Buzz conversam e mostram sentimentos amigáveis, e no fundo se estimam, mas o duelo continua. Com o carro em velocidade, sem tempo para mais nada, a não ser abrir a porta e saltar, eis que a manga da blusa de Buzz enrosca na maçaneta e ele não consegue pular, espatifando-se pelo desfiladeiro.

Jim, com remorsos, responsabiliza-se pela morte de Buzz e novamente busca conselhos do pai, que não sabe como orientar o filho. Jim sai de novo e vai buscar apoio com Judy. Os dois seguem para o casarão abandonado que Plato havia indicado e, este, levado pela intuição, vai se encontrar com o casal no esconderijo e informa que a gangue de Buzz está à procura de Jim, temendo que ele dê com a língua nos dentes, denunciando todos à polícia.

Por instantes, o trio Jim, Judy e Plato sentem o afeto de uma verdadeira amizade e compreensão. Judy cantarola uma canção e Plato adormece feito criança. Jim e Judy vão passear pelo casarão e descobrem a paixão de um pelo outro.

A gangue de Buzz chega e Plato desperta. Temeroso, este dispara num dos rapazes e foge de arma em punho. Ao encontrar Jim e Judy, magoado, Plato acusa-os de tê-lo abandonado. Sai em disparada e se refugia no planetário. A gangue sai atrás, assim como a polícia com seus holofotes, sirenes e os familiares dos adolescentes envolvidos.

No planetário, Jim conversa a sós com Plato, que entrega o revólver ao amigo. Este retira as balas do tambor e devolve a arma, tentando convencer Plato a se entregar. Mas Plato, apavorado com a pressão feita pela polícia, braveja a Jim: "Você é meu pai, por acaso?"

A polícia, acreditando que Plato vai atirar em Jim, acerta-lhe um tiro. Em pânico, Jim mostra as balas na palma da sua mão, denuciando o erro fatal da polícia, e chora sobre o corpo do único amigo, agora sem vida.

O pai, reconhecendo sua falha, vai consolar Jim e observa nele um amadurecimento próprio dos adultos, notando também que o filho tinha encontrado a companheira ideal, Judy. E o casal encerra, sugerindo os primeiros passos para a constituição de uma nova família.

Assim caminha a humanidade

Título original: *Giant*
Realizado entre maio e setembro de 1955
Tempo: 198 minutos
Direção: George Stevens
Roteiro: Fred Guiol e Ivan Moffat
Fotografia: William C. Mellor
Música: Dmitri Tiomkin
Elenco:
James Dean .... Jett Rink
Elizabeth Taylor .... Leslie
Rock Hudson .... Bick
Jane Withers .... Vashti
Mercedes McCambridge .. Luz
Carroll Baker .... Luz II
Dennis Hopper .... Jordy
Sal Mineo .... Angel
Chill Wills ..... Uncle Bawley

Quando o livro *Giant*, de Edna Ferber (autora de *Cimarron*) foi publicado em 1952, provocou a fúria dos aristocratas do Texas. Alguns radicais sugeriram queimar a efígie da escritora em praça pública, porque a história atingia a alta sociedade texana.

Esse “gigante” metafórico é o próprio Texas, mas também pode ser a América, símbolo universal da metamorfose agropastoril em industrialização. *Giant* mostra a descoberta do petróleo no Texas, a transformação social e todos os vícios de ganância e poder provenientes do “ouro negro”.

Alguns críticos são de opinião de que este foi o mais fraco dos três trabalhos de James Dean, porque nos outros dois (*Vidas amargas* e *Juventude transviada*) ele teve papel de maior destaque. James demora vinte e um minutos para entrar na primeira cena. Outros críticos, no entanto, acham que Dean roubou a cena de Rock Hudson e Elizabeth Taylor. O filme lhe valeu uma indicação póstuma ao Oscar de 1956 (ano do lançamento do filme), mas Dean perdeu para Yul Brynner, em *O rei e eu.*

O diretor George Stevens (1904-1975) ganhou o Oscar de direção em 1956, mas não conseguiu emplacar com a estatueta de melhor filme (perdeu para *A volta ao mundo em oitenta dias*, de Michael Anderson). Stevens costumava filmar uma mesma cena de vários ângulos, selecionando depois as melhores tomadas para fazer a montagem final.

O filme traz algumas das cenas mais memoráveis de James Dean, como aquela em que ele aparece todo sujo de petróleo, vai à desforra na casa do seu rival Bick, esmurrando-o, dizendo-lhe que agora estava rico. Uma outra cena, reproduzida em pôsteres, mostra James com os dois braços suspensos para o alto, apoiados no rifle que leva nas costas.

A produção custou à Warner Brothers 5,4 milhões de dólares. Durante as filmagens, George Stevens proibiu Dean de dirigir automóveis, para não se arriscar em velocidades traiçoeiras. Ele tinha já fama de abusar do volante. Alguns dias antes de embarcar para as filmagens externas no Texas, Stevens fica sabendo que James se inscrevera para uma corrida em Palm Springs. Mas o ator desiste de correr, porque o diretor lhe chamou a atenção.

O filme cobre mais de vinte anos da vida de Jett Rink, Bick e Leslie Benedict. O *make-up* de Dean envelhecido com cabelos brancos foi o único que convenceu ao final do filme. Liz Taylor e Rock Hudson usaram perucas azuladas e não foram tão convincentes na *performance* de meia-idade.

* * *

A saga começa em 1923, quando o milionário pecuarista

Bick Benedict (Rock Hudson) viaja até o estado da Virgínia para adquirir um bom cavalo de corrida. Nesse aristocrático cenário, apaixona-se por Leslie (Elizabeth Taylor), a filha do proprietário do haras. Eles se casam duas semanas depois, e Bick traz a esposa para o Texas. Ao chegar no calorento Rancho Reata, tudo o que Leslie vê é uma mansão instalada em meio a 3 milhões de acres, perdida no deserto. Bick apresenta Leslie à sua irmã Luz (Mercedes McCambridge), uma solteirona de hábitos rudes, que não vê com simpatia a presença da recém-chegada cunhada.

O peão Jett Rink (James Dean) leva Leslie para conhecer o rancho, a qual fica chocada com a miséria dos alojamentos e a pobreza das famílias mexicanas. Assim vivem os que trabalham para o marido, que só usa o dinheiro para reinvestir na pecuária. Leslie ajuda a cuidar do filhinho recém-nascido de um empregado e decide se dedicar à melhoria das condições de vida dos pobres.

Os tempos passam e agora Bick e Leslie têm um belo casal de filhos que, eles têm certeza, um dia os sucederão no comando das terras. Mas a vida do casal torna-se enfadonha, monótona, e, depois de uma discussão, Leslie volta para a Virgínia, levando os dois filhos. Bick, com saudades da família, vai buscá-los. Na ausência do irmão, Luz sofre uma queda de cavalo, leva um coice e morre.

Retornando ao Rancho Reata, Bick se surpreende ao constatar que no testamento Luz deixara sua parte das terras ao ambicioso, beberrão e rebelde empregado Jett Rink, eterno desafeto do patrão, e propõe a este comprar de volta. Mas Jett recusa a oferta, convencido de que seu quinhão ainda lhe trará fortuna.

Certo dia, Leslie, ao passar em frente da porteira do rancho de Jett, este a convida para um cafezinho e uma prosa sem importância. Na despedida, voltando para o carro, Leslie pisa no barro escuro e Jett percebe a lama oleosa nos sapatos dela. O jovem arranja dinheiro emprestado e começa

"Existem algumas coisas na vida que simplesmente não podemos evitar; atraímos nosso próprio destino... fabricamos nossa sorte."

a trabalhar nas perfurações, até que um dia jorra petróleo. Alucinado, Jett Rink leva um banho de petróleo, ciente da chuva de milhões que caía na sua terra.

Numa mistura de desforra e desafio, Jett pega seu velho Ford amassado, com para-choque desalinhado, e segue para o rancho dos Benedicts. Todos olham espantados aquele jovem com os dentes brancos, brilhando no rosto sujo de ouro negro:

— Meu poço jorrou!

— Saia daqui! — disse Bick.

— Todo mundo dizia que eu tinha uma "peneira"... Mas não é. Vim aqui para contar a você. Tem aqui. Aqui mesmo. Posso dar risada de você... Um dia eu ainda pago 1 milhão de dólares, ou 5 ou 10, e você há de aceitar porque precisará de dinheiro. Vou ter mais dinheiro do que tudo o que você viu na vida toda. Você e o resto dos sujos filhos de cão dos Benedicts.

Jett anunciava que o petróleo iria engolir a pecuária. Ele agora é um magnata do petróleo, dono da Jettexas Company. Rico, poderoso, alcoólatra como sempre, levando uma vida excêntrica.

Muitos anos se passaram. Jett Rink tem cabelos brancos e continua a usar o poder e o dinheiro como autoafirmação para seu temperamento neurótico e racista. Leslie, fazia tempos, fez o marido preconceituoso abandonar certos valores e lhe impôs o modo de pensar da região do Leste. Foi isso que fez Bick tomar as dores de uma família de mexicanos, barrados numa lanchonete, e partir para a briga com o dono racista.

Jett, ao contrário, continua com sua índole rebelde e arrogante. Na festa de inauguração do seu luxuoso hotel, manda barrar Jordy (Dennis Hopper), filho de Bick, porque ele está acompanhado de sua esposa mexicana. Os capatazes valentões de Jett ainda dão uma surra em Jordy. Bick, ao saber da intriga, multiplica-se em ódio por Jett e procura por vingança. Mas encontra seu ex-empregado solitário, trôpego de bêbado e se retira do local, indignado. A festa da inauguração do hotel está terminando, e Jett ainda não homenageou seus convidados. Mas pouco a pouco todos se retiram e o magnata fica abandonado. Seu discurso de anfitrião, Jett acaba fazendo para si mesmo, cambaleante, e cai desmaiado sobre a mesa, que se parte no chão.

* * *

Houve ainda um filme póstumo sobre James Dean, idealizado por Robert Altman, num de seus primeiros trabalhos como diretor, intitulado *The James Dean Story*. A produção não atingiu o sucesso esperado, quando do lançamento em Nova York, em 1957.

O ator Robert Conrad foi reprovado como "sósia" de James Dean, e este foi representado por si mesmo, por meio de fotografias, *clips* de filmes e entrevistas. Marlon Brando recusou-se a narrar o filme-documentário. Os grandes amigos de Dean não quiseram participar, evitando ganhar publicidade com a morte do amigo. Mas a Warner Brothers conseguiu que os tios e avós do ídolo aceitassem aparecer. Essa parte filmada em Fairmount, em que aparecem Marcus Winslow, Ortense, Markie e o amigo da infância, Bing Traster, é considerada a melhor do filme.

Robert Altman ainda cultuava o mito, quando em 1982, dirige o filme de título quilométrico *Come Back to the Five and Dime, Jimmy Dean, Jimmy Dean*, que no Brasil foi traduzido por *James Dean — O mito sobrevive*.

No filme, o mito Dean é envolto em preconceitos, angústias e meias-verdades. No vigésimo aniversário da sua morte, um grupo de mulheres se reúne numa cidadezinha do Texas, na *drugstore* Five and Dime, para relembrar o ídolo morto em acidente de carro. Mona (Sandy Dennis) garante ter passado uma noite com o astro, durante as filmagens de *Assim caminha a humanidade*, realizadas no interior do Texas. Mas surge uma misteriosa mulher na *drugstore*, que faz despertar para o quanto de mentira, provincianismo e mediocridade cerca a vida monótona dessas mulheres.

Baseada numa peça de Ed Graczyk, o filme lembra teatro filmado, com muito diálogo, em que Altman solta *flashes* do passado e presente, com recursos de iluminação e sobreposição. Elenco: Sandy Dennis, Cher, Karen Black, Sudie Bond, Marta Heflin e Kathy Bates.

A morte cristalizou para sempre a sua imagem de jovem rebelde, identificando o mito em todo o mundo.

JAMES DEAN

Bibliografia

ASTROS e estrelas. São Paulo, Nova Cultural, v. 1, 1985.

BIVAR, Antonio. *James Dean*. São Paulo, Brasiliense, 1983.

FOLHA de S. Paulo, São Paulo, 14 set. 1985, 12 out. 1989, 1 dez. 1989.

JIMMY Dean on Jimmy Dean. Consultor Joseph Humphreys. London, Plexus, 1990.

JORNAL do Brasil, Rio de Janeiro, 7 fev. 1976, 9 abr. 1978.

JORNAL da Tarde, São Paulo, 25 fev. 1975, 28 set. 1985.

MORIN, Edgar. As estrelas. Mito e sedução no cinema. Trad. Luciano Trigo. Rio de Janeiro, José Olympio, 1972.

O ESTADO de S. Paulo, São Paulo, 13 set. 1989.

REVISTA CINEMIN, abr./mai. 1983.

REVISTA *Manchete,* Rio de Janeiro, 23 jan. 1993.

REVISTA *Set,* ano IV n. 5, mai./jun. 1990.

REVISTA *Veja,* 15 out. 1975, 14 set. 1977, 7 jun. 1989.

SALGUES, Yves. *James Dean, ou a dor de viver*. Trad. Antonio Carlos Viana. Porto Alegre, L&PM, 1990.

THE REAL James Dean Story. New York, Fawcett, v. 1, n. 1, 1956.

TRUFFAUT, François. *Os filmes de minha vida.* Rio de Janeiro, Nova Fronteira, 1989.